JACK BARRANGER

Gehen oder bleiben?

Dieses Buch ist Karen Noark und Christian Brent gewidmet – zwei Freunden, deren Weisheit und Zuneigung und deren Bereitschaft, zuzuhören, mir gezeigt haben, daß man nicht bei einer Sache bleiben muß, um ein Held zu sein.

JACK BARRANGER

Gehen oder bleiben?

So erkennen Sie, wann Sie in der Partnerschaft oder im Job Schluß machen müssen

Aus dem Amerikanischen übersetzt von Britta Wisser.

mvg

Die Deutsche Bibliothek – CIP-Einheitsaufnahme

Barranger, Jack:
Gehen oder bleiben? : so erkennen Sie, wann Sie in der Partnerschaft oder im Job Schluß machen müssen / Jack Barranger. [Übertr. aus dem Amerikan. von Britta Wisser]. – Landsberg am Lech : mvg-verl., 1998
(mvg-Paperbacks ; 08587)
Einheitssacht.: Knowing when to quit <dt.>
ISBN 3-478-08587-X

Published by Arrangement with Impact Publishers, Ic. P.O. Box 1094, San Luis Obispo, California 93406, U.S.A.
Titel der amerikanischen Originalausgabe: „Knowing when to quit“
Übertragen aus dem Amerikanischen von Britta Wisser.

Umschlaggestaltung: Vierthaler & Braun, München
Satz: Fotosatz H. Buck, Kumhausen
Druck- und Bindearbeiten: Ebner, Ulm
Printed in Germany 080 587/798502
ISBN 3-478-08587-X

Inhaltsverzeichnis

Teil 1:
Einführung

Kapitel 1: Jobs, Beziehungen und das Durchhalte-Syndrom

Es war einmal ein Mann – wir wollen ihn „Ed" nennen –, der verließ sein Heim, um in Las Vegas sein Glück zu machen. Dort, so dachte er, würde er zu Reichtum kommen. Um dieses Vorhaben zu finanzieren, hob er viertausend Dollar von seinem Sparkonto ab. Am Ende der Woche, so dachte er, würde er mindestens das Doppelte besitzen.

Mit nur acht Dollar Einsatz knackte Ed seinen ersten Jackpot. Mit einer Investition von acht Dollar gewann er mehrere hundert. „Nicht schlecht!" dachte er und war in so guter Stimmung, daß er nicht merkte, daß er weitere siebzig silberne Dollar verspielte, bis er wieder gewann. Diesmal war der Jackpot nur fünfzig Dollar wert. Kein Problem, er hatte ja noch immer einen passablen Gewinn. Außerdem genoß er die Aufmerksamkeit, als er den Jackpot gewann, und das Gefühl dazuzugehören, als die Menschen um ihn herum ihm Glück wünschten und hofften, daß er den Super-Jackpot knacken würde – zehntausend Dollar.

Die Aussicht auf zehntausend Dollar verleitete Ed dazu, weitere fünfhundert Dollar zu investieren, bevor er wieder einen Jackpot gewann. Die gute Nachricht war: Er hatte tatsächlich den Zweihundert-Dollar-Jackpot geknackt. Die Umstehenden klopften ihm jetzt auf die Schulter, er genoß die kameradschaftliche Stimmung. Zu gewinnen fühlte sich gut an, allerdings registrierte er nicht, daß er jetzt schon weniger Geld besaß als bei seiner Ankunft.

Als Ed tausend Dollar weniger hatte als zu Beginn des Abends, bemerkte er den Verlust. Einen Moment lang machte er sich Sorgen, doch dann munterte er sich mit der einen Hoffnung wieder auf: Der Zehntausend-Dollar-Jackpot mußte jetzt bald fallen. Er hatte erst ein Viertel seines Geldes verspielt, und die drei richtigen Symbole in der Anzeige würden ihn aus allem herausholen.

Eintausendvierhundert Dollar später, gerade als er begann, sich wirklich Sorgen zu machen, überzeugte ihn ein Jackpot von eintausend Dollar, daß das Glück zu ihm zurückgekehrt war. Er konnte schon die Blitzlichter und das Heulen der Automatensirene hören.

Zwölf Dollar später gewann er einen Fünfhundert-Dollar-Jackpot. Glocken, Sirenen und die Aufmunterung der Umstehenden trieben ihn zu einem neuen Versuch. Doch Ed spürte langsam Langeweile aufkommen und dachte sich: „Da muß es noch eine bessere Möglichkeit geben."

Um seine zunehmende Verzweiflung zu überwinden, konzentrierte er sich auf den Zehntausend-Dollar-Jackpot. Er durchdachte verschiedene Möglichkeiten, wie er das Geld ausgeben würde: als Anzahlung für ein schönes Auto; um sein Konto bei den Kreditkartenunternehmen auszugleichen etc. Noch acht Mal blieb die Anzeige nur ein Feld neben der richtigen Kombination stehen. Das mußte ein göttliches Zeichen sein. „Ich bin nahe dran. Ich weiß es!"

Eine erstaunliche Anzahl von Beziehungen, Ehen und beruflichen Situationen passen in das Muster der Spielautomaten von Las Vegas. In einem destruktiven oder eintönigen Job sind Gehaltserhöhungen und die Illusion, mehr Macht zu bekommen, die Jackpots, die die Tatsache verschleiern, daß Sie sich auf der Straße der Verlierer befinden. In Beziehungen wird häufig noch mehr manipuliert. Ein Partner gesteht Ihnen gerade soviel zu, daß Sie immer wieder zurückkommen. Vielleicht verlieren Sie dabei, doch Ihr Partner registriert das nicht. Es gehört viel Mut zu der Erkenntnis, daß Sie trotz aller – tatsächlicher oder eingebildeter – Gewinne in Wirklichkeit verlieren.

Zehn Dollar ausgeben, um drei Dollar fünfzig zu bekommen?

Die Geschichte von den Spielautomaten soll erklären, warum so viele Menschen so lange in einem zerstörerischen Umfeld ausharren. Schauen wir uns einmal an, wie ein solcher Spielautomat funktioniert: *Er ist nicht nur so konzipiert, daß Sie verlieren müssen, sondern auch so, daß Sie gerade genug gewinnen, um weiter zu verlieren.* Wenn er zuviel ausspuckt, bleibt für das Casino nicht genug Gewinn übrig. Wenn er zuwenig ausspuckt, werden Sie nicht weiterspielen. Die Maschine muß also genau auf dieses Mittelmaß eingestellt sein.

Ed weigerte sich, zu erkennen, daß seine Chance nur 1:400.000 stand, den großen Jackpot zu gewinnen. Manche Menschen haben Schwierigkeiten damit, die Funktionsweise eines Jackpots zu begreifen. Und noch schwerer fällt es ihnen, die Realität des Alltags zu begreifen, der vielleicht ein Ende gesetzt werden sollte.

Spielautomaten, Jobs und Beziehungen

Ich hatte schon oft Gelegenheit, die Spielautomaten-Geschichte zu erzählen. Von 1979 bis heute habe ich viele Vorträge gehalten und Workshops zum Thema „Wie Sie den Sinn Ihres Lebens finden“ durchgeführt. Nach diesen Veranstaltungen fragten mich Teilnehmer oft, ob sie mit mir alleine sprechen und arbeiten dürften. Obwohl sie wußten, daß ich kein ausgebildeter Therapeut bin, baten mich viele um Rat bei lebenswichtigen Entscheidungen oder wenn es darum ging, ein erfüllteres Leben zu führen.

Ken war ein solcher Klient. Er liebte seinen Bürojob so sehr, daß er sich wie ein Sieger fühlte. Doch seine Prioritäten und die Bedingungen an seinem Arbeitsplatz veränderten sich, und er war nicht länger in einer Gewinner-Situation. Obwohl er zum effektivsten Mitarbeiter gewählt wurde, mehrere Auszeichnungen und Prämien bekam, gefiel ihm seine Arbeit immer weniger. Als ich ihm die Analogie mit dem Spielautomaten erzählte, erkannte Ken, daß er mehr verlor, als er zu geben bereit war.

Er setzte zehn Dollar ein, um drei Dollar fünfzig zurückzubekommen.

Sue stand in ihrer Ehe vor derselben Situation. Sie heiratete Rob fünf Monate nachdem sie ihn kennengelernt hatte. Er war ein großer Charmeur. Rob wußte genau, was er tun mußte, damit Sue glaubte, sie bedeutete ihm alles im Leben. Zwei Jahre später war noch immer ein *bißchen* Charme übrig, doch der größte Teil hatte sich in pure Ignoranz ihren Gefühlen gegenüber verwandelt. Auch heute noch weiß Rob genau, wie er sich von seiner besten Seite zeigen kann, vor allem, wenn sie mit anderen zusammen sind. Sue bedeutet ihm noch immer etwas – solange ihre Bedürfnisse sich mit seinen Prioritäten in Einklang bringen lassen. Doch sie fühlt sich kaltgestellt, und das mag sie ganz und gar nicht.

Menschen, die in Beziehungen leben, die eigentlich zum Scheitern verurteilt sind, lassen sich gerne von den dramatischen Veränderungen blenden, die sie im Kino oder im Fernsehen sehen. Dabei spielt es kaum eine Rolle, daß diese Geschichten wenig mit der Realität zu tun haben. Doch im richtigen Leben, wo es Jahre gedauert hat, eine Beziehung aufzubauen – oder in diesem Fall zu verderben –, verändert man sein Leben nicht plötzlich über Nacht. Ohne inneren Antrieb wird es überhaupt keine Veränderung geben. Jemand, der am Arbeitsplatz auf ein Wunder hofft, muß sich irgendwann mit der Tatsache auseinandersetzen, daß das Wunder erst dann eintritt, wenn er den Mut hat, seinen Arbeitsplatz zu wechseln.

Selbst in ausweglosen Situationen gibt es immer noch Menschen, die es vorziehen, in dieser Situation auszuharren. Nicht weil sie selbstzerstörerisch veranlagt sind oder den Schmerz lieben. Nicht weil sie insgeheim masochistisch veranlagt sind. Sie bleiben, weil sie darauf konditioniert sind, bessere Alternativen gar nicht erst zu untersuchen. Sie sind zu dem Schluß gekommen, daß es auch in unmöglichen Situationen sehr viel nobler ist zu bleiben, als zu gehen.

Man suggeriert uns, daß Aufgeben gleichbedeutend mit Kapitulation ist. Wer mitten in der Saison aufhört, wird vom Trainer gerügt. Studenten, die ihr Studium abbrechen, werden von den Professoren getadelt. Eigentlich findet niemand solche „Aussteiger" toll. Selbst die Medien nicht. Nur selten wird man einmal einen Film oder eine Show im Fernsehen sehen, wo ein solcher „Aussteiger" gerühmt wird. Und in den seltenen Fällen, wenn es geschieht, sind die Umstände so schrecklich, daß der Betreffende unser volles Mitgefühl hat.

Der Autor Maxwell Maltz weist in seinem Buch *Psychocybernetics* darauf hin, daß wir darauf konditioniert sind, uns so zu verhalten. Unsere Eltern, unsere Lehrer, unsere Vorbilder und die gewaltige Macht der Medien haben dazu geführt, daß wir glauben, aufzugeben sei etwas Schlechtes.

Natürlich ist das Aufgeben in unserer Gesellschaft ein Problem. Es gibt im südlichen Kalifornien Städte, wo es mehr Geschiedene als Verheiratete gibt. Immer weniger Schüler beenden heutzutage die Schule. In vielen Gemeinden treten sowohl Mitglieder als auch Funktionäre reihenweise aus der Kirche aus.

Diese sozialen Probleme sind zwar vorhanden und müssen uns beschäftigen, doch wir stecken weiterhin den Kopf in den Sand, wenn es um ein genauso ernstes Syndrom geht – das Durchhalten.

Das „Durchhalte-Syndrom“

Wenn das „Durchhalten“ jemals in ein Medizinlexikon aufgenommen würde, könnte die Definition dazu folgendermaßen lauten:

> *Durchhalten ist eine Krankheit, die verschiedene Symptome aufweist, die alle auf den ersten Blick schwer zu erkennen sind.* Erstens *ist ein großes Sicherheitsbedürfnis festzustellen. Der Erkrankte möchte seine Umgebung nicht verändern, egal um welchen Preis. Es herrscht tatsächlich eine gewisse Angst vor der Veränderung.* Zweitens *eine an Besessenheit grenzende Sorge darüber, daß jemand anders verletzt werden könnte, indem man etwas verändert. Diese Sorge ist gewöhnlich mit der Unfähigkeit, die eigenen Schmerzen zu erkennen, gekoppelt.* Drittens, *der Erkrankte hegt eine Hoffnung, die ihre Wurzeln nicht in der Realität hat.* Viertens: *Der typische „Durchhalter“ hat ein ungewöhnliches Bequemlichkeitsbedürfnis. Dieses bekommt eine so große Bedeutung, daß der größte Schmerz in Kauf genommen wird, um diese Bequemlichkeit aufrechtzuerhalten.* Fünftens, *dem Erkrankten fällt es schwer, sich mit wahren Gefühlen auseinanderzusetzen. Unfähig, Unglück zuzugeben, hofft der Kranke auf eine bessere Zukunft oder denkt an vergangene schöne Zeiten.* Sechstens *wird der Betroffene von einer irrationalen Angst beherrscht, möglicherweise egoistisch zu sein. Man geht nämlich davon aus, daß es egoistisch sein könnte, für sein eigenes*

Wohlbefinden zu sorgen. Die Angst vor der Bezeichnung „egoistisch" führt dazu, daß der Leidende mehr persönlichen Schmerz erträgt, als gut für ihn ist. Schließlich *halten ganz eingefleischte Durchhalter ihre Unfähigkeit, Schluß zu machen, für eine noble Geste und reagieren besonders heftig auf Mitmenschen, die zu behaupten wagen, ein derartiges Verhalten sei nicht unbedingt sinnvoll und gut. Der Durchhalter ist davon besessen, durchzuhalten, auch wenn das Durchhalten ihm mental und physisch schadet.*

Ihr Bedürfnis, auszuharren, hält Sie möglicherweise in einer Umgebung gefangen, die keine Rücksicht auf Ihr Wohlbefinden nimmt. Doch dieses Ausharren stellt uns vor ein interessantes Problem. Wenn Sie anfangen auszusteigen, werden die anderen ungnädig. Wenn Sie sich in eine Richtung bewegen, die Ihren Bedürfnissen am ehesten gerecht wird, wird man Sie eventuell als egoistisch bezeichnen. Sich von einem Job zu befreien, der wenig Erfüllung bietet, gilt nicht als ausreichende Erklärung. Man wird Sie auffordern, bessere Gründe anzugeben, wie z.B. schlechte Gesundheit, bessere Bezahlung oder das Bedürfnis, näher bei einem kranken Verwandten zu arbeiten.

Wenn Sie sich aus einer schädlichen Beziehung befreien wollen, reicht es u.U. nicht aus, zu behaupten, Sie hätten sich im Laufe der Zeit in unterschiedliche Richtungen entwickelt. Zu behaupten, die Beziehung sei freudlos oder heftige Kritik an dem Partner machen auch keinen besonderen Eindruck. Um den anderen Durchhaltern einen triftigen Grund zu liefern, müssen Sie schon mit Ehebruch oder körperlicher Mißhandlung aufwarten. Selbst bei solchen Erklärungen sind die ganz Hartgesottenen erst zufrieden, wenn Sie wirklich einen Arm in der Schlinge tragen.

Wenn Johnny die Schule schmeißt, dann sind wir geneigt zu glauben, daß er es einfach nicht geschafft hat. Egal aus welchen Gründen, er ist ein Versager. Doch viele potentielle Unternehmer „harrten" in einer Hochschule aus, obwohl sie vielleicht viel glücklicher geworden wären, wenn sie sofort ein Unternehmen gegründet hätten. Viele Optimisten harren in Beziehungen aus, die sich eigentlich schon in einer Sackgasse befinden, weil sie darauf konditioniert sind zu glauben, daß *sie* die Versager sind, wenn die Beziehung zu Ende geht.

In Wirklichkeit spielt es keine Rolle, ob es gut, schlecht oder unerheblich ist durchzuhalten oder aufzugeben. Nur *Ihre ganz persönliche Situation* und *Ihre ganz persönliche Einstellung dazu* kann entscheiden, ob Sie aufgeben oder durchhalten sollten. Schon die Tatsache, daß Sie sich diesen Zustand bewußtmachen, bringt Sie ein Stück näher an die richtige Einstellung zu Ihrem Leben.

Wenn es tatsächlich Ihrem ureigensten Interesse entspricht durchzuhalten, wird Ihnen dieses Buch helfen, das zu erkennen. Wenn es Ihr ureigenstes Interesse ist zu gehen, werden Sie auch das klarer erkennen. Sie werden über die notwendigen Werkzeuge verfügen, um eine bessere Entscheidung zu fällen. Sie können dann die Maßnahmen ergreifen, bei denen am wenigsten Mitmenschen verletzt werden.

Die in diesem Buch angeführten Beispiele zeigen Ihnen, daß *jene, die den Mut hatten, sich aus hoffnungslosen Situationen zu befreien, am Ende sehr viel glücklicher waren.* Diejenigen, die aus Angst bleiben, erfahren nur vorübergehende Zustimmung und Sicherheit. Wer ausharrt, wird nie das Maß an Selbstachtung haben, das jenen eigen ist, die sich nach ihrem eigenen Interesse richten. Sie haben nicht das Selbstwertgefühl, das entsteht, wenn man das tut, was man für das Beste hält (auch wenn das zunächst seinen Preis hat). Zwar sieht es so aus, als würde die Gesellschaft jene positiv beurteilen, die in einer untragbaren Situation verharren, aber sie gewährt ihnen keine Unterstützung.

In der Illusion der Fernseh- und Kinofilme werden schreckliche Situationen eigentlich immer überwunden. Wenn das nicht der Fall wäre, würden die Menschen nicht lange genug zuschauen, um dann in den Genuß der Werbepausen zu kommen. Der Film *Flashdance* hätte keinen einzigen Fürsprecher, wäre die unglückliche Tänzerin bei der Ballettschule in Pittsburgh abgewiesen worden und zu ihrem Fabrik-Job zurückgekehrt.

Ist Aufgeben immer die beste Alternative?

Aufzugeben ist natürlich nicht die einzige Alternative. *Gehen oder bleiben* soll Ihnen helfen, *Ihre* beste Alternative zu finden. Wenn Sie feststellen, daß die einzige Chance, in der Zukunft glücklich und zufrieden zu sein, darin besteht aufzugeben, möchte ich Ihnen helfen, Ihre Möglichkeiten zu erkennen und den Mut zu finden, der notwendig ist, um eine solche Entscheidung zu treffen.

Cory, ein Absolvent der West-Point-Militärschule, erkannte nach sechs Monaten als Offizier, daß er nicht länger in der Armee bleiben wollte. Er hatte einen Fehler gemacht. Sein Vorgesetzter drängte ihn, es weitere sechs Monate zu versuchen, bevor er eine endgültige Entscheidung treffen würde. Cory stimmte zu. Sechs Monate später hatte sich seine Einstellung nicht geändert, doch jetzt hatte er die Unterstützung seines Vorgesetzten, der sich sehr dafür einsetzte, daß Cory die Armee bereits vor Ablauf seiner Verpflichtungszeit von vier Jahren verlassen konnte.

Für Cory war es vor allem wichtig zu wissen, *wann* er aufhören sollte.

Mitten in der Blüte seiner Jahre hatte Bill plötzlich keine Lust mehr, Arzt zu sein. Er fühlte sich ausgelaugt und konnte an nichts anderes mehr denken, als auf einer Farm zu leben. Seine kluge Frau Sally bestand darauf, miteinander zwei Wochen auf einer Farm in Pennsylvania zu verbringen. Am zehnten Tag kam Bill vor Langeweile fast um. Er kehrte in seine Praxis zurück, immer noch mit dem Plan, seinen Arztberuf aufzugeben. Doch anstatt der Medizin generell den Rücken zu kehren, wandte er sich einem Spezialgebiet zu, das ihm Freude machte. Nicht jedes Ende muß ein totales sein.

Nancy war eine von den Siebzehnjährigen, bei denen man sich fragt, ob Gott gerecht ist, wenn er einer einzigen Person soviel Schönheit, Intelligenz und Talent mitgibt. Nancy, die gleichzeitig Cheerleader-Mädchen war, war so lebendig und so graziös – einfach toll. Doch hinter all der Schönheit litt sie tiefe Qualen. Nancy hatte genug davon, das „beliebte Mädchen" zu spielen. Sie wollte mehr Zeit für sich selbst. Mitten in der Football-Saison verließ sie die Cheerleader-Gruppe. Jeder hielt sie für verrückt. Einige dachten, sie hätte vielleicht irgendeine schreckliche Krankheit. Andere hielten sie einfach für hochnäsig. Doch nur was Nancy selbst dachte, spielte eine Rolle. Sie hatte ihre Situation sorgfältig durchdacht und erkannt, daß die beste Lösung darin bestand, sofort die Gruppe zu verlassen.

Als Lehrer in Nancys Schule hatte auch ich eine qualvolle Entscheidung zu treffen: Ich wollte aufgeben. Gleich zu Beginn des Schuljahres entdeckte ich, daß ich einen Fehler gemacht hatte, indem ich hier eine Stelle angenommen hatte. Ich wollte es mir selbst nicht eingestehen, aber meine innere Stimme drängte immer wieder: „Stell dein Licht nicht unter den Scheffel!" Endlich erkannte ich, daß es nicht unbedingt das Beste für mich wäre, das gesamte Schuljahr dort zu bleiben.

Ich wollte sofort kündigen. (Schon drei andere Lehrer hatten das getan, und es war erst November!) Gleichzeitig wollte ich das tun, was für meine Schüler das Beste war. Ich beschloß, das erste Halbjahr zu bleiben, um das zu Ende zu führen, was ich begonnen hatte, und um der Schule genug Zeit zu geben, einen anderen Lehrer zu finden.

Vielleicht denken Sie, ich sei voreingenommen, wenn ich die Möglichkeiten des Aufgebens und des Durchhaltens untersuche – vor allem, wenn ich die Behauptung aufstelle, daß das Bleiben zu einem ernsthaften Problem werden kann. Ich bemühe mich um eine ausgeglichene und faire Darstellung des Themas. Doch während ich mich mit diesem Problem beschäftigte, habe ich zu viele Menschen gesehen, die aufgrund von unrealistischen und undurchführbaren Vorstellungen vom Aufgeben und Durchhalten Schaden genommen haben.

Darüber mehr in Kapitel 8. Doch ich möchte Sie schon jetzt vorwarnen: Meine Gespräche mit Hunderten von Menschen und meine persönliche Anteilnahme an ihren Erfahrungen haben mich zu der Erkenntnis gebracht, daß das Durchhalten ein viel größeres Problem ist, als die meisten zugeben wollen.

Noch eine letzte Sache zur Einführung. Die folgenden Kapitel enthalten viele Beispiele aus dem Arbeitsleben und aus Beziehungen. Aber vergessen Sie nicht, daß die hier beschriebenen Prinzipien auch auf *andere* Lebensbereiche anwendbar sind. Wir alle neigen dazu, in einen bestimmten Trott zu verfallen: Gewohnheiten bewirken, daß wir zuviel rauchen oder trinken; daß unser Alltag langweilig wird; daß wir Gruppen und Vereinen angehören, die uns nichts mehr bedeuten, und anderes unproduktives „Durchhalte"-Verhalten.

Während Sie *Gehen oder bleiben* lesen, denken Sie auch an das, was diese Kapitel Ihnen über Ihren Arbeitsplatz oder Ihre Beziehung hinaus sagen können. Vielleicht brauchen Sie den frischen Wind, den das Ende einer Gewohnheit in Ihr Leben bringen könnte.

Kapitel 2: Gehen oder bleiben?

Dieses Buch lesen Sie, weil sich etwas in Ihrem Leben ändern muß – Ihr Arbeitplatz, Ihre Ehe, Ihre langjährige Beziehung oder eine andere Situation.

Wenn doch solche lebenswichtigen Entscheidungen nur etwas einfacher wären. Warum können nicht einfach alle Faktoren klar auf ein Für oder Wider hinweisen, anstatt so verschwommen zu sein? Doch das Leben ist nun einmal komplex und das gilt auch für lebenswichtige Entscheidungen. „Komplex" heißt nicht unbedingt „konfus". Oft macht erst die Komplexität das Leben wirklich interessant und herausfordernd. Verwirrung hingegen beraubt Sie Ihrer Energien und der Lebensfreude.

Sie fühlen es in Ihrem Inneren rumoren, sonst würden Sie dieses Buch nicht lesen. Das Material in den folgenden Kapiteln kann Ihnen helfen, sich über Ihre wirklichen Gefühle klarzuwerden und die Kraft zu finden, die richtige Entscheidung zu treffen.

Selbst-Analyse

Das nächste Kapitel – „Ihr Wunsch aufzugeben, sagt Ihnen etwas" – hilft Ihnen, dieses innere Rumoren zu erforschen und mit den bekannten Verhaltensmustern zu vergleichen, die es zum Thema „aufgeben" gibt. Manchmal ist aufgeben die einzige Möglichkeit, zu gewinnen. Vielleicht finden Sie heraus, daß Ihr Wunsch, mit einer Sache aufzuhören, Ihnen eine viel bessere Möglichkeit aufzeigt.

Die Kapitel 4 bis 7 bieten die Gelegenheit zu einer ehrlichen Selbstanalyse mit Fragen, die sich um die folgenden Bereiche drehen:

- Können Sie bleiben und trotzdem glücklich sein?
- Werden Sie sich selbst schaden, wenn Sie die Sache beenden?
- Werden Sie anderen schaden, wenn Sie die Sache beenden?
- Sind Ihre Lebensumstände für Ihr Wohlbefinden förderlich oder schädlich?

Einige dieser Fragen berühren Bereiche, über die Sie möglicherweise noch nicht nachgedacht haben. Andere werden Ihnen helfen, Ihre speziellen Lebensumstände zu klären, damit Sie die bestmögliche Entscheidung treffen können.

Je sorgfältiger Ihre Selbstanalyse ist, desto eher werden Sie einen Sinn dafür entwickeln, welche Lösung für Sie die effektivste ist. So ist es z.B. nicht unbedingt nötig, daß Sie eine Beziehung oder einen Arbeitsplatz ganz aufgeben. Das ist nur die extremste der zur Verfügung stehenden Alternativen.

Analyse Ihres sozialen Umfelds

Ausgehend von der Selbstanalyse geht es in den Kapiteln 8 und 9 darum, Ihre Aufmerksamkeit auf Ihr Umfeld zu zentrieren.

Kapitel 8 „Warum fähige und sympathische Menschen in unangenehmen Situationen ausharren“ untersucht die Gründe, die Menschen dafür anführen, daß sie in unglücklichen Lebensumständen verharren. Sie werden die Schwächen einiger Ideen erkennen, die, oberflächlich betrachtet, Gültigkeit zu haben scheinen, ihre Kraft jedoch verlieren, wenn man sie mit Vernunft betrachtet.

Lesen Sie jede einzelne Begründung, die für das Durchhalten angeführt wird. Lassen Sie sich nicht dazu hinreißen, eine Überschrift anzuschauen und zu überspringen. Zu einer gründlichen Vorgehensweise gehört eine gründliche Analyse.

Kapitel 9 „Ein Gewinner gibt niemals auf – und andere Mythen“ erörtert fünf Mythen, denen man auf den Grund gehen muß. Diese falschen Vorstellungen sind Bestandteil Ihres gesellschaftlichen Umfelds geworden und sehr beliebt, obwohl sie nicht zutreffen. Die Erkenntnis dafür, wie diese Mythen Sie beeinflussen, mindert deren Kraft und stärkt die Ihre.

Entscheidungen

Wenn Sie sich selbst und Ihr Umfeld untersucht haben, möchten Sie vielleicht Werkzeuge zur Entscheidungsfindung entwickeln.

Kapitel 10 „Die Botschaft einer Krise entschlüsseln“ erklärt eine weitere Botschaft und welche Bedeutung diese für Sie haben könnte. Wenn Sie verstehen, daß eine Krise Ihr bester Freund sein kann, werden Sie Ihr Wissen erheblich vergrößern und mehr Klarheit erlangen. Viele Krisen signalisieren uns, daß eine wichtige Entscheidung getroffen werden muß.

Kapitel 11 „Soll ich mich beraten lassen?“ soll Sie davon überzeugen, daß Sie selbst der einzige Fachmann bezüglich Ihrer Probleme sind. Ihre Lebensumstände sind einzigartig. Wenn Sie sich Hilfe bei jemandem suchen müssen, dann finden Sie in diesem Kapitel ein paar Hinweise darauf, wie Sie den größtmöglichen Nutzen daraus ziehen.

Kapitel 12 „Der ‘Zu wissen, wann Schluß ist’-Index“ bietet eine systematische Methode, um Ihre Situation zu „bewerten“, sodaß Sie herausfinden, welche Entscheidung für Sie am geeignetsten ist. Der Index kann Ihnen auch helfen, notwendiges Material noch einmal durchzuarbeiten, bevor Sie eine Entscheidung treffen.

Maßnahmen

Viele Leute haben unnötigerweise Angst davor, bestimmte Maßnahmen zu ergreifen, weil sie nicht erkennen, daß ihnen viele mögliche Alternativen zur Verfügung stehen. Sechs mögliche Alternativen werden in Kapitel 13 „Ihre sechs Handlungsalternativen" untersucht. Sowohl die Theorie als auch Beispiele einiger Betroffener helfen Ihnen herauszufinden, welche Alternative – vom sofortigen Ende bis zur Änderung der Situation an sich – für Sie die beste ist.

Kapitel 14 „Eine Brücke bauen" ermutigt Sie, auf Ressourcen in Ihrer Umgebung zurückzugreifen, die Ihnen bei dem Übergang in ein neues Leben helfen. Wenn Sie sich dazu entschließen, Ihren derzeitigen Arbeitsplatz aufzugeben oder Ihren derzeitigen Partner zu verlassen, müssen Sie sich ein neues Netz knüpfen, das Sie unterstützt. Beginnen Sie damit frühzeitig, untersuchen Sie alles gründlich, und knüpfen Sie es sorgfältig.

Das sehr kurze Kapitel 15 „Das tröstende Feuer verlassen" untersucht die Entscheidung, etwas zu beenden, im Kontext der menschlichen Entwicklungsgeschichte. Unsere primitiven Vorfahren ließen sich in ihrer Leidenschaft, Dinge zu erforschen, von den wärmenden Lagerfeuern bremsen. Wenn es Ihnen nicht gelingt, die Faktoren abzuschaffen, die Sie blockieren – egal wie herrlich bequem diese für Sie oder die anderen sind –, blockieren Sie ein wichtiges Element Ihres Menschseins.

Im Anhang finden Sie noch einmal alle Fragen zur Selbstanalyse, die wir in Kapitel 4, 5, 6 und 7 stellen. Vielleicht möchten Sie diese Fragebögen fotokopieren und so oft ausfüllen, wie Sie Ihre Entscheidung – aufzugeben oder durchzuhalten – überdenken. Wenn Sie sie über mehrere Wochen immer wieder ausfüllen, hilft Ihnen das zu erkennen, in welche Richtung sich Ihre Gefühle bezüglich Ihrer Situation ändern. Im Anhang sind die Fragen in „Beruf" und „Beziehungen" unterteilt, damit Sie schnell die für Sie wichtigen Fragen finden.

Ziehen Sie ein Resümee

Ihr Vorgehen umfaßt vier entscheidende Schritte. Sie beginnen wohl schon zu ahnen, daß Aufgeben versus Durchhalten keine Entscheidung zwischen schwarz und weiß ist. Auch sollten Sie sich bei Ihrer Entscheidung nicht von Angst oder dem Wunsch nach Anerkennung von anderen leiten lassen.

Die Kapitel zur *Selbstanalyse* helfen Ihnen, sich selbst einmal näher in Augenschein zu nehmen, Ihre Werte und Ihre Bedürfnisse zu analysieren. Verschiedene Fragen und die Art und Weise, wie Sie sie beantworten, helfen Ihnen, Ihre Prioritäten zu finden und zu klären, was Ihnen wichtig ist und wie diese Faktoren mit Ihrer Entscheidung zusammenhängen.

Die Kapitel zur *Analyse Ihres sozialen Umfelds* werden Ihnen helfen, Ihre Umgebung besser zu verstehen, und zu erkennen, wie Ihre Umgebung Sie in der Vergangenheit beeinflußt hat und was Sie jetzt dagegen tun können.

Der Abschnitt *Entscheidung* zeigt Ihnen Möglichkeiten, wie Sie die gewonnenen Erkenntnisse nutzen können, um die effektivste Entscheidung zu treffen.

Die Kapitel *Maßnahmen* enthalten Informationen, die Sie brauchen, wenn Sie sich dazu entschlossen haben, die Initiative zu ergreifen, und ebnen Ihnen den Weg zum jeweils nächsten Schritt.

Wenn Sie dieses Buch zu Ende gelesen haben, haben Sie Ihr Wissen erweitert, Klarheit und Stärke gewonnen, um zum richtigen Zeitpunkt das Richtige zu tun. Sie werden dann wissen, wann – oder ob – Sie mit einer Sache Schluß machen sollten.

Eine Aufforderung: Schreiben Sie ein Tagebuch

Etwas aufzugeben – oder auch nur der Gedanke an eine so einschneidende Entscheidung – kann für eine gewisse Zeit Ihr ganzes Leben auf den Kopf stellen. Manchmal scheint der Entschluß durchzuhalten, der vernünftigste zu sein; ein anderes Mal scheint das Durchhalten nur die Qual zu verlängern. Manchmal hat man diese beiden gegensätzlichen Gefühle in derselben Woche. (Bei Ehen oder langjährigen Beziehungen manchmal sogar am selben Tag.)

Damit Sie eine ungefähre Vorstellung davon bekommen, wohin Ihre Gedanken, Ihre Prioritäten und Erfahrungen Sie bringen, rate ich Ihnen, Tagebuch zu führen. Ein Tagebuch gibt Ihnen die Möglichkeit, Dinge zu einem späteren Zeitpunkt mit einer klareren Perspektive noch einmal zu überdenken. Verschiedene Begebenheiten und Gefühle in Ihrem Leben tatsächlich aufzuschreiben hilft Ihnen später, sich besser an alles zu erinnern, als wenn Sie alles aus dem Gedächtnis rekonstruieren müßten. Schon der Vorgang an sich, daß Sie sich hinsetzen und schreiben, bringt Gefühle und Einblicke mit sich, die ohne das Tagebuch möglicherweise nie aufgetaucht wären.

Es ist egal, ob Sie das Niedergeschriebene Bericht oder Tagebuch oder Logbuch nennen. Es soll Ihnen helfen, die Vorgänge zu verstehen, die um Sie herum passieren. Sie brauchen es niemand anderem zu zeigen – manchmal ist es sogar besser, wenn Sie es vertraulich behandeln. Der Wert eines solchen Tagebuchs wird deutlicher, wenn Sie weiter in diesem Buch lesen. Ich werde Sie bitten, spezielle Bereiche Ihrer Lebensumstände näher zu untersuchen; ein Tagebuch, auf das Sie zurückgreifen können, hilft Ihnen möglicherweise, einen besonders problematischen Bereich zu erhellen. Wenn Sie Ihr Tagebuch später noch einmal lesen, haben Sie vielleicht das Gefühl, daß sich bestimmte Empfindungen intensiviert haben. Auch dies trägt dazu bei, daß Ihnen Ihre Entscheidung klarer wird.

Sie könnten in Ihr Tagebuch direkt die Antworten auf die in diesem Buch gestellten Fragen eintragen. Wenn Sie Ihre Aufzeichnungen später noch einmal lesen, werden Sie merken, ob Ihre Gefühle schwächer oder stärker geworden sind.

Hier noch eine Tatsache, die Sie zu diesem Zeitpunkt frustrieren mag: *Wahrscheinlich habe ich bei diesem heiklen und wichtigen Thema „Gehen oder bleiben“ nicht alles bedacht!* Ein Tagebuch bietet Raum für Einblicke in die Tiefe Ihrer Persönlichkeit. Einblicke, die plötzlich Licht in ein scheinbar unlösbares Problem bringen und die die Lücke zwischen meinen Worten auf diesen Seiten und Ihrer besonderen Situation schließen können.

Im Verlaufe des gesamten Buches werde ich Ihnen viele Fragen stellen: über Sie selbst, über Ihre Beziehungen und Ihren Arbeitsplatz. Sie können das Tagebuch dazu benutzen, die Antworten aufzuschreiben, Ihren Fortschritt festzuhalten und Ideen zusammenzutragen.

Der größte Wert eines solchen Tagebuchs liegt darin, ein Gespür dafür zu bekommen, in welche Richtung Sie sich bewegen. Zunächst meinen Sie vielleicht, Ihre Beziehung befände sich in einer Sackgasse … oder Ihr Job sei ohne Perspektiven. Aber wenn Sie mit den beteiligten Personen kommunizieren, kommen Sie möglicherweise zu einer anderen Sichtweise. Wenn Sie Ihre Gefühle „aufgezeichnet“ haben, können Sie feststellen, ob diese sich in eine andere Richtung bewegen. Dadurch gewinnen Sie neue Erkenntnisse.

Die eine Person möchte vielleicht mit ihrem Partner reden und stellt fest, daß dieser zu weiterer Kommunikation bereit ist. Dadurch werden fast immer Hoffnungen geweckt. Doch im Laufe des Gesprächs bekommt sie vielleicht den Eindruck, daß die für die Aufrechterhaltung der Beziehung so wichtige Bereitschaft, sich einzubringen, nicht vorhanden ist. Wenn man seine Gefühle aufschreibt, erkennt man diese Auf- und Abbewegung deutlicher.

Ein anderer hat sich vielleicht ganz der Idee verschrieben, seinen Job aufzugeben. Er schreibt seine starken Gefühle auf und beginnt dann, mit seinen Vorgesetzten zu sprechen. Sie hören zu und machen Vorschläge. Mit jedem Vorschlag sieht man ein wenig mehr Licht am Ende des Tunnels. Die „aufgezeichneten" Gefühle zeigen, wie die Verzweiflung langsam abnimmt. Was wie eine hoffnungslose Situation aussah, scheint jetzt mehr Hoffnung in sich zu bergen.

Es trägt sehr zur Entscheidungsfindung bei, wenn Sie sich an etwas Konkretes halten können. Ihre Tagebucheintragungen sind zugleich Anker und Landkarte für Ihre Gefühle. Folgende Entwicklungen werden Sie besser erkennen können:

- Gefühle, die gleichbleibend stark sind
- Gefühle, die an Kraft verlieren
- Gefühle, die inkonsistent sind
- Gefühle, die intensiver werden

Die meisten Menschen verlassen sich bei der Entscheidungsfindung alleine auf ihr Gefühl. Gefühle sind zwar oft eine gute Basis, um eine Entscheidung zu treffen, doch sie können sich aus Gründen ändern, die nichts mit der aktuellen Situation zu tun haben. Ein tolles Betriebsfest oder eine wundervolle Episode im Bett kann die Gefühle dem Job oder der Beziehung gegenüber beeinträchtigen.

Wenn Sie Ihre Eindrücke, Gefühle und Antworten auf die in diesem Buch gestellten Fragen regelmäßig schriftlich festhalten, ist die Wahrscheinlichkeit, daß Sie sich von vorübergehenden Eindrücken „ins Bockshorn jagen lassen", gering.

Mit einem persönlichen Logbuch können Sie Ihre eigene Situation beobachten, Ihren Fortschritt prüfen – oder erkennen, daß kein Fortschritt gemacht wurde. Sie bekommen ein Gespür dafür, wie neue Begebenheiten Sie beeinflussen, und können sich eine Grundlage schaffen, von der aus Sie mit Hilfe dieses Buches zu einer „objektiven" Entscheidung gelangen können.

In einigen der folgenden Kapitel werden Methoden angegeben, mit denen Sie Ihre Antworten auf Schlüsselfragen einstufen können. Wenn Sie die Punkte zusammenzählen und die Ergebnisse auswerten, werden Sie dadurch mehr Klarheit gewinnen und eine „objektivere" Sichtweise bekommen. Doch denken Sie daran, daß diese Punkte nur einen Anhaltspunkt geben sollen. Das Wichtigste ist, daß Sie sich darüber klar werden, was Sie fühlen.

Sie haben jetzt also eine recht gute Vorstellung davon, was Sie erwartet. Sind Sie bereit für eine kleine Selbstanalyse?

Teil 2:

Selbstanalyse

Kapitel 3: Ihr Wunsch aufzugeben, sagt Ihnen etwas

Der Wunsch, eine Sache aufzugeben, ist in manchen Fällen die richtige Reaktion und eine reife Entscheidung, obwohl den meisten von uns beigebracht wurde, daß gerade das Gegenteil der Fall ist. Zu häufig führt eine frühe Konditionierung („Los, da mußt du durch, Sohn, *versuch's*! Gewinner geben nicht auf.") dazu, daß man Schuldgefühle empfindet, wenn man daran denkt, aufzugeben. Also drängt man auch andere Menschen, länger als nötig in einem schädlichen Umfeld zu verharren.

Welchen Eindruck haben Sie von Ihrer derzeitigen Situation am Arbeitsplatz? Teil der Selbstanalyse ist, erste Hinweise darauf zu erkennen, was Sie daran hindert, in Ihrem eigenen Interesse zu handeln.

Hat man Ihnen als Kind beigebracht, Ihre Gefühle zu verleugnen? Vielleicht verleugnen Sie starke Gefühle im Hinblick auf Ihren Arbeitsplatz, die danach schreien, gehört zu werden. Unsere Prägung als Kinder wirkt sich auch auf unser Leben als Erwachsene aus.

In der Schule haben Meinungsverschiedenheiten vielleicht zu milden Bestrafungen geführt. Vielleicht sogar zum Verlust der Akzeptanz unter Gleichaltrigen. Doch sie führten nie zum Verlust des Einkommens oder guter Aufstiegschancen – Risiken, die zum Erwachsenenleben dazugehören.

Wenn Ihr Vater an seinem Arbeitsplatz blieb, obwohl er die Nase längst voll hatte, hat das auch auf Sie Auswirkungen gehabt. Wenn Familienmitglieder und Freunde seine Einsatzbereitschaft für die Familie priesen, war der Einfluß auf Sie noch größer. Wenn Sie Ihren Vater und seine Opferbereitschaft bewundern, kann diese Erfahrung dazu führen, daß Sie eine solche Hingabe auch heute noch wertschätzen, denn was Sie damals gelernt haben, ist Teil Ihres Wertsystems geworden. Auf diese Weise haben Sie vielleicht Selbstverleugnung gelernt, weil sie den Menschen, die Ihnen nahestanden, etwas bedeutete. Auch sie wurden irgend wann einmal darauf konditioniert und gaben diese Werte – ohne böse Absicht – an Sie weiter.

Erfahrungen wie diese lassen viele Menschen glauben, daß ein unangenehmer Arbeitsplatz normal sei. *Viele erwarten geradezu, ihre Arbeit in einer negativen Umgebung zu verrichten.* Manch einer ist positiv überrascht, wenn er für einen Arbeitgeber arbeitet, bei dem die Stimmung seiner Angestellten an oberster Stelle steht.

Eine Sekretärin und ehemalige Klientin von mir war so lange von ihren Kollegen akzeptiert worden, wie sie ihre Gefühle nicht zeigte. Als die Dame dann aber über ihr Unbehagen bezüglich der Büroabläufe sprach, verschwand die Akzeptanz. Einige beschuldigten sie, nicht loyal zu sein. Andere sagte ihr direkt ins Gesicht, sie arbeite unprofessionell. Interessanterweise machte es ihrem Arbeitgeber überhaupt nichts aus. Er fand es gut zu wissen, was die Dame dachte.

Wenn Ihre Eltern in einer turbulenten und wenig harmonischen Ehe verharrten, beeinflußt das Ihre Einstellung zu Beziehungen. Wenn Mama ihre Gefühle nicht gezeigt hat, beschleunigte das Ihren Lernprozeß. Wenn sie Verzweiflung hinter einer Fassade des Glücklichseins verbarg, hat das vielleicht mehr Einfluß auf Sie genommen, als Ihnen bewußt ist.

Ein anderer Teil Ihrer Selbstanalyse wird darin bestehen, auf die inneren Stimmen zu hören, die Sie jetzt vernehmen. Einige werden Sie dazu „inspirieren", an einem unbefriedigenden Arbeitsplatz auszuharren. Diese „Inspiration“ könnte auch dazu führen, daß Sie glauben, eine hoffnungslose Beziehung oder Ehe ertragen zu müssen, weil das edelmütig ist. Einige Stimmen wollen Ihnen weismachen, daß Sie sogar davon profitieren, wenn Sie in einer hoffnungslosen Situation ausharren. Wenn Sie sich über die unterdrückten Gefühle langsam klarer werden, werden Sie erkennen, welche Stimmen in Ihrer aktuellen Situation die richtigen sind. Und Sie werden lernen, zwischen jenen zu differenzieren, die wirklich *Ihre* Gefühle widerspiegeln, und jenen, die oberflächlich oder anerzogen sind.

Im letzten Teil dieses Kapitels werden Sie einige wichtige Punkte klären. Wenn Sie sich in einem positiven Umfeld befinden, werden die folgenden Fragen wenig Einfluß auf Sie haben. Wenn Sie mental in einem schlechten Umfeld gefangen sind, helfen sie Ihnen vielleicht herauszufinden, wie es in Ihrem Inneren wirklich aussieht.

Ich werde Sie immer wieder bitten, *Ihre Gefühle* bezüglich Ihrer aktuellen Situation zu untersuchen. Manchmal wird es Ihnen schwerfallen, zwischen Ihren eigenen Gefühlen und den Auswirkungen der sozialen *Konditionierung* – den Meinungen Ihrer Familie, der Schule, der Kirche und der Gesellschaft im allgemeinen – zu unterscheiden. Es ist völlig in Ordnung, die Meinung der anderen zu akzeptieren, aber Sie müssen *erkennen*, wann Sie dies tun und ob Sie es *bewußt* tun. Es erfordert eine Menge Überzeugung und Mut, eigenverantwortlich gegen den Rat der anderen zu handeln. Aber genau das macht Ihr tatsächliches Selbst aus.

Wenn Sie diese Bereiche untersuchen, sollten Sie auf jeden Fall Buch darüber führen, was Sie empfinden. Ein Tagebuch mit Ihren Gefühlen wird eine wertvolle Hilfe sein, wenn es schließlich um die Entscheidung geht, mit einer Sache weiterzumachen oder aufzugeben!

Was fühle ich wirklich?

Es ist überaus wichtig, daß Sie herausfinden, was Sie wirklich fühlen. (Vielleicht geht es Ihnen noch viel schlechter, als Sie zugeben mögen!) Bei Menschen kommen die echten Gefühle häufig mit all ihrer Gewalt an die Oberfläche, wenn sie sich selbst ernsthaft erforschen. Leider hören viele auf, in sich hineinzuhören, wenn sie feststellen, wie stark ihre Gefühle sind. Die Verbindung zu den wahren Gefühlen zu verlieren ist traurig, wenn nicht gar tragisch.

Wenn Sie sich selbst erforschen, sollten Sie sich darüber im klaren sein, was Sie stört. Indem Sie Ihr Unbehagen oder Ihren Konflikt genau spezifizieren, können Sie Ihre Bemühungen besser auf das richtige Ziel lenken. Gefühle haben eine festere Basis, wenn sie sich auf etwas Bestimmtes richten. Überdenken Sie einmal die folgenden Aussagen. Achten Sie auf den Unterschied zwischen den ersten Aussagen, die ziemlich allgemein gehalten sind, und den zweiten, die sehr viel konkreter sind:

allgemein: Wenn ich diesen Job aufgebe, fühle ich mich viel besser.
speziell: Wenn ich diesen Job aufgebe, werde ich nachts besser schlafen und wahrscheinlich meine Magenbeschwerden loswerden.

allgemein: Wenn ich die Verlobung löse, fühle ich mich viel besser.
speziell: Wenn ich die Verlobung löse, entgehe ich all der Kritik, mit der meine Verlobte mich quält. Ich befreie mich von ihrer „Mission“, mich zu manipulieren und aus mir jemanden zu machen, der ich nicht bin.

allgemein: Ich glaube einfach nicht, daß es gut ist, wenn ich noch länger in dieser Kirche Mitglied bleibe.

speziell: Wenn ich aus der Kirche austrete, werde ich nicht mehr gezwungen, meine Beziehung zu Gott an der Meinung anderer auszurichten.

Sind meine Erwartungen realistisch?

Eine bessere Frage wäre vielleicht: „Kann ich wirklich erwarten, daß die Situation woanders oder mit jemand anderem besser ist?" Am Arbeitsplatz kann die Frustration von einem Vorgesetzten herrühren, der unsensibel und zu fordernd ist. Mit einem einfühlsameren Vorgesetzten würde sich die Arbeitssituation verbessern. Die Erwartung, besser behandelt zu werden, ist realistisch, wenn Sie bereit sind, den Arbeitsplatz zu wechseln. Wenn Sie an Ihrem Stuhl kleben bleiben, ist sie wahrscheinlich nicht realistisch. Wenn Sie drei verschiedene Arbeitsplätze ausprobieren und herausfinden, daß Sie mit dem Vorgesetzten nicht zurechtkommen, ist es Zeit, nach der Ursache für dieses Problem zu suchen.

Wenn Sie meinen, daß Ihre Erwartungen realistisch sind, möchten Sie vielleicht erforschen, ob solche Erwartungen an einem anderen Arbeitsplatz erfüllt werden. Verkaufsprofis, die sich immer wieder gerne darüber beschweren, daß sie mehr Geld verdienen möchten, sind oft nicht bereit, das Risiko auf sich zu nehmen und auf einer ausschließlich provisionsabhängigen Basis zu arbeiten. Die meisten Vertriebsleiter betrachten das als unrealistisch.

Eine Erwartung, die sowohl realistisch als auch wirklich Ihre eigene ist, wird von anderen vielleicht nicht geteilt. Als ich mich dazu entschloß, wieder zu unterrichten, bat ich darum, in der High School unterrichten zu dürfen – in der Hoffnung, ältere Schüler auf einem fortgeschritteneren Niveau zu unterrichten. Auf einem sehr engen Arbeitsmarkt für Lehrer war dies eine ziemlich unrealistische Erwartung!

In Beziehungen und Ehen sind Erwartungen manchmal maßlos. Die Medien stellen Beziehungen und Ehen so unrealistisch dar, und wir können uns dieser Beeinflussung kaum entziehen. Eine gute Frage, die Sie sich selbst stellen sollten, lautet: „Ist das, was mich an meinem Partner stört, etwas, das nur *dieser* Partner hat?"

Bin ich bereit, den Preis dafür zu zahlen, Schluß zu machen?

Bedenken Sie, was auf Sie zukommt, wenn Sie Ihren Job, Ihre Ehe oder Beziehung aufgeben. Hier sind einige mögliche Folgen:

- Die Kritik von Freunden und Familie
- Ein vorübergehender Verlust der Selbstachtung
- Weniger Einkommen
- Das Gefühl, daß es ein Fehler war, aufzugeben
- Die Möglichkeit, andere zu verletzen
- Die Angst, egoistisch zu sein
- Das Gefühl, zu früh aufgegeben zu haben
- Der Verlust von Freunden
- Die Angst, keinen besseren Partner zu finden
- Das Gefühl, die Situation wäre zu retten gewesen

Lassen Sie uns diese Möglichkeiten rasch einmal durchgehen.

Wenn die *Kritik von Freunden und Familie* für Sie ein Schlüsselfaktor ist, müssen Sie entscheiden, wie wichtig es für Ihr persönliches Wohlbefinden ist, ob Sie von diesen Menschen anerkannt werden. Fragen Sie sich, ob ihre Akzeptanz bedingungslos oder manipulativ ist. Akzeptieren Ihre Familie und Ihr Freundeskreis Sie so, wie Sie sind, selbst wenn Sie eine Reihe von Fehlern machen? Oder werden Sie nur dann akzeptiert, wenn Sie das tun, was man von Ihnen erwartet? Diesen Aspekt näher zu untersuchen kann sehr schmerzhaft sein.

Ein vorübergehender *Verlust an Selbstachtung* läßt sich am besten bewältigen, indem man die mögliche Alternative erkennt – gestiegene Selbstachtung. Ganze Bücher wurden über Menschen geschrieben, die eine unglückliche Beziehung oder Ehe beendeten und sich nach einer kurzen Zeit der Unsicherheit und Verwirrung stärker und besser fühlten. Der Autor Richard Nelson Bolles (What Colour Is Your Parachute, dtsch. Welche Farbe hat Dein Fallschirm?) schreibt von vielen, denen es weitaus besser ging, nachdem sie den Mut gefunden hatten, einen freudlosen Arbeitsplatz aufzugeben.

Mike erlebte seine gestiegene Selbstachtung, als er nach zwölf Jahren seinen Posten in einer Werbefirma aufgab:

Ich dachte, ich würde mich schlecht fühlen, weil ich Ansehen und Einkommen einbüßte. Doch gleich, nachdem ich den neuen Job antrat, fühlte ich mich gut. Ich erwartete nicht, als Neuer besonders gut behandelt zu werden, und so war ich positiv überrascht darüber, wie alle versuchten, mich zu unterstützen. Schnell lernte ich, daß ich niemandem mehr etwas vorzumachen brauchte. Ich brauchte niemanden mehr darüber zu belügen, was ich erwartete. Wenn ich doch nur vorher gewußt hätte, wie gut ich mich fühlen würde, ich hätte viel früher gekündigt.

Weniger Einkommen ist ein Punkt, der schwieriger zu erörtern ist. Natürlich müssen Ihre eigenen Gefühle immer den Ausschlag geben. Sie müssen sich entscheiden, ob die Vorteile Ihren Schritt rechtfertigen. Untersuchen Sie die Möglichkeiten, mehr zu verdienen. Wenn ein Handelsvertreter jahrelang ein bestimmtes Produkt verkauft hat, ist es sehr wahrscheinlich, daß er Einkommenseinbußen hinnehmen muß, wenn er ein anderes Produkt verkauft. Trotzdem ist die finanzielle Einbuße, wenn der Betroffene an das Produkt glaubt, mit ziemlicher Wahrscheinlichkeit nur vorübergehend, und auf lange Sicht ist eine Einkommenssteigerung ebenso wahrscheinlich.

Das Gefühl, daß es ein Fehler war, aufzugeben, muß immer gegen die Frage abgewogen werden: „Ist es ein größerer Fehler, durchzuhalten?“

Die Möglichkeit, andere zu verletzen wird zusammen mit der Angst, egoistisch zu sein, in Kapitel 5 erörtert.

Wenn Sie *meinen, Sie sollten nicht zu früh kapitulieren*, geben Sie sich selbst für Ihre Entscheidung mehr Zeit. Seien Sie jedoch auch bereit, die Alternative in Erwägung zu ziehen. Vielleicht leben Sie schon viel zu lange in einem schädlichen Umfeld. Das Bewußtsein, das Sie jetzt entwickeln, wird Ihnen helfen, sowohl die Situation, in der Sie sich befinden, als auch Ihre Gefühle zu erforschen.

Der mögliche *Verlust von Freunden* kann in einer solchen Situation überwältigend erscheinen. Ich habe viele Menschen befragt, die davon erzählten, wie schnell scheinbar feste Freundschaften in die Brüche gingen. Andererseits werden Sie in einer positiveren Umgebung schnell neue Freunde finden. Sie müssen alte Freunde nicht aufgeben; Sie haben nur eine größere Auswahl.

Die Angst, möglicherweise keinen besseren Partner zu finden, nachdem Sie eine Beziehung oder Ehe verlassen haben, ist weit verbreitet. Diese Angst blockiert sowohl Ihr Handeln als auch Ihr Denken. Einige Menschen erzählten mir: „Ich warte, bis ich jemand anderen gefunden habe, dann ziehe ich aus." In Beziehungen ohne Trauschein funktioniert das in ganz seltenen Fällen. Innerhalb einer Ehe mit ihren komplizierten rechtlichen und gesellschaftlichen Regelungen, ist die Wahrscheinlichkeit noch geringer. Ungeachtet der jeweiligen Situation gilt: *Wenn Sie alles getan haben und die Beziehung nicht zu retten ist, dann müssen Sie sie beenden.* Zumindest ist dann die Beziehung, die Sie zu sich selbst haben, besser.

Das Gefühl, daß Sie die Situation möglicherweise hätten retten können, basiert eher auf Ihren Schuldgefühlen als auf der Realität. Während nur eine Person erforderlich ist, einer Beziehung oder Ehe einen Schlag zu versetzen, gehören immer zwei dazu, sie zu retten. Im Verlaufe von Beziehungen, in denen die beiden Partner weiter reifen, erkennen sie plötzlich, daß sie sich mit bestimmten Dingen nicht länger abfinden möchten. Wenn ein Partner davon besessen ist, ständig Seitensprünge zu haben, kann diese Beziehung nur selten, wenn überhaupt, dadurch gerettet werden, daß der andere Partner ihm um so mehr Liebe gibt (trotz der Mythen, die das Gegenteil behaupten). Das gestiegene Sicherheitsbedürfnis des einen Partners kann nur selten dadurch befriedigt werden, daß der andere in einer Rezession härter arbeitet. Überstunden schaffen nur noch mehr Spannungen.

Was gewinne ich, wenn ich aufgebe?

Die meisten Leute, die im Begriff sind, aufzugeben, denken dabei an die möglichen Verluste. Selbst jene, die über einen möglichen Nachteil sprechen, sagen vielleicht: „Ich bin so froh, daß ich diesen Job los bin" oder „Herrlich, daß ich mir nicht mehr Harrys Meckereien anhören muß".

Wie schade, daß sich nicht mehr von uns auf die möglichen Vorteile konzentrieren und weniger auf die Verluste. Die meisten von uns haben es gelernt, sich intensiv mit negativen Aspekten zu beschäftigen. (Schauen Sie sich eine beliebige Nachrichtensendung im Fernsehen an, und zählen Sie die positiven Begebenheiten!)

Sich eine Liste mit den möglichen Vorteilen zu machen, die Sie erwarten, wenn Sie ein schädliches Umfeld verlassen, ist nicht einfach. Freunde und Familienmitglieder sind schnell bei der Sache, wenn es darum geht, Ihnen aufzuzeigen, was schiefgehen kann. Sie sollten besondere Mühe darauf verwenden, diese Einwände zu identifizieren, um die notwendige Balance für Ihre Entscheidung zu bekommen.

Hier sind einige mögliche Vorteile, die auf Sie warten, falls Sie Ihren Job, Ihre Beziehung oder eine andere Situation aufgeben:

- Ich verdiene mehr Geld.
- Meine Talente werden mehr geschätzt.
- Weil ich diesen Schritt wage, wird meine Selbstachtung steigen.
- Ich werde mit intelligenteren Menschen zusammenarbeiten.
- Ich werde pro Tag zwei Stunden mehr Zeit für meine Familie haben.
- Ich kann mein Arbeitstempo selbst bestimmen.
- Ich kann mich mit anderen treffen, ohne daß jemand eifersüchtig ist.
- Ich habe mehr sexuelle Freiheiten.
- Ich werde sagen können, was ich fühle, ohne mich fragen zu müssen, ob ich jemanden damit verletze.
- Ich werde pro Jahr zwei Wochen mehr Urlaub haben.

Welche möglichen Vorteile springen für Sie dabei heraus? Schreiben Sie Ihre Ideen in Ihr Tagebuch.

Treibe ich die ganze Sache zu sehr voran?

Scharen von ungefragten Beratern werden Ihnen dringend ans Herz legen, „langsam“ vorzugehen. Was sie eigentlich mit diesem Hinweis ausdrücken wollen, ist, daß Sie sorgfältig über Ihre Entscheidung nachdenken sollten, bevor Sie mit jemandem darüber reden. Diejenigen, die Ihnen am nächsten stehen, werden Sie am ehesten fragen, ob Sie nicht übereilt an die Sache herangehen.

Das ist eine sehr gute Frage.

Es ist aber auch eine Falle.

Es ist eine gute Frage, weil Sie sichergehen sollten, daß Sie tatsächlich auf Ihre eigenen Bedürfnisse reagieren und nicht auf den Druck von außen. Wahrscheinlich hat man Ihnen schon früh beigebracht, nicht zu früh das Handtuch zu werfen. Kaum jemandem wird beigebracht, daß es schlecht ist, zu lange in einer negativen Situation zu verharren.

Wenn Sie sich fragen, ob Sie zu schnell vorgehen, kommen andere, damit zusammenhängende Fragen auf:

- Wann habe ich genug über meine Situation nachgedacht?
- Wann weiß ich, daß meine Situation hoffnungslos ist?
- Wann ist es aussichtslos, weiterzumachen wie bisher?

Hinter der Frage: „Treibst du die Dinge nicht zu schnell voran?“ könnte durchaus die Absicht stecken, Sie zu manipulieren. „Warten“ kann man auch in „Laß uns jetzt nicht darüber reden“ übersetzen. Die Vermutung, Sie würden möglicherweise zu schnell vorgehen, kann dazu dienen, die Aufmerksamkeit von dem tatsächlichen Problem abzulenken.

Gibt es ein Licht am Ende des Tunnels?

Das ist natürlich *die* Frage. Ob Sie sich um eine Arbeitssituation oder eine Beziehung sorgen – es darf einfach keine Hoffnung mehr geben. Solange Sie Hoffnung haben, müssen Sie sich mit der möglichen Realität einer Veränderung noch nicht auseinandersetzen. Doch wenn Sie feststellen, daß „kein Licht am Ende des Tunnels" zu sehen ist, dann *wissen* Sie, daß eine Veränderung die einzige Lösung ist.

Bob wollte seine Beziehung zu Marcy retten. Doch Marcy stellte immer höhere Ansprüche an ihn, bis er es nicht länger ertragen konnte. Zuerst wollte Marcy ein großes Klavier in ihrer kleinen Wohnung haben. Dann wollte sie es auch jederzeit spielen können. Bob gab diesen Forderungen nach, obwohl das bedeutete, daß er in der Uni-Bibliothek lernen mußte, um sich für sein Juraexamen vorzubereiten.

Bob erkannte, daß es kein Licht am Ende des Tunnels gab, als Marcy verlangte, daß er sich in der Wohnung aufhalten sollte, wenn sie übte. Sie behauptete, daß jeder Mann, der mit ihr verheiratet sein wollte, sie gerne üben hören müßte. Bob sagte, daß das lächerlich sei, woraufhin Marcy einen Wutanfall bekam und schrie, daß sie nur einen Mann heiraten könnte, der sich ihr *ganz und gar* hingab. Jetzt war Bob *ganz und gar* überzeugt davon, daß sie die Verlobung lösen sollten!

In Bobs Fall trat die Erleichterung postwendend ein. Bei anderen stellt sie sich erst später ein, aber nicht mit dieser Absolutheit.

Morgan leitete ein Verkaufsteam, das Schönheitsprodukte für Frauen verkaufte. Sie wußte, daß sie eine gute Führungskraft war, und freute sich über die hohen Provisionen, die sie durch ihre eigenen und die Verkäufe ihrer Mitarbeiter verdiente. Doch mit dem Anwachsen des Teams wuchsen auch ihre Probleme. Plötzlich mußte sie um ihre Stellung an der Spitze des Teams kämpfen.

In einer guten Woche verdiente Morgan 2.000 Dollar an Provisionen; dazu brauchte sie 60 Stunden. Dann kam der Punkt, an dem eine 60-Stunden-Woche nur noch ungefähr 1.600 Dollar brachte. Um wieder auf das Niveau von 2.000 Dollar zu kommen und Teamleiter zu bleiben, mußte sie fast 80 Stunden pro Woche arbeiten. Sie fragte sich, wo das hinführte:

Das ist ziemlich viel Geld für eine Frau ... – für jeden. Doch ich hatte das Gefühl, daß der Preis dafür gestiegen war. Wenn andere mehr verkauften, würden sie befördert werden, und somit würden ihre Provisionen nicht mehr mir gutgeschrieben werden. Schließlich erreichte ich einen Punkt, an dem ich mehr als 100 Stunden pro Woche arbeiten mußte, um dem Wettbewerb standzuhalten. Ich hatte drei Jahre in der Firma gearbeitet. Nun erkannte ich, daß ich, wenn ich jetzt den Absprung nicht schaffte, mich von einem völlig verrückten Lebensstil abhängig machen würde.

Ob da ein Licht am Ende des Tunnels zu erkennen ist? Das ist die entscheidende Frage. Der Erfolg Ihres eigenen Selbstanalyse-Prozesses hängt davon ab, wie ehrlich Ihre Antworten sind.

Auch an dieser Stelle möchten wir Sie noch einmal daran erinnern, Ihre Gefühle in einem Tagebuch festzuhalten, wenn Sie über diese Fragen nachdenken.

Kapitel 4: Können Sie bleiben und trotzdem glücklich sein?

Diese Alternative muß – ungeachtet der Tatsache, wie Sie sich fühlen – in Erwägung gezogen werden. Wenn Sie bleiben und glücklich sein können, sind die anderen Fragen möglicherweise überflüssig. Wenn Sie sich auf die positiven Aspekte konzentrieren, dann müssen Sie entscheiden, *wieviel Positives* notwendig ist, um Sie zum Bleiben zu bewegen.

Um dies festzustellen, sollten Sie zunächst eine kurze Liste der Antworten zu den folgenden Fragen in einem „Brainstorming" zusammentragen:

- Was wäre erforderlich, damit ich auf Dauer bereit bin, in dieser Situation zu bleiben?
- Was wäre erforderlich, damit ich drei Monate lang bleibe?
- Was wäre erforderlich, damit ich drei Wochen lang bleibe?
- Was wäre erforderlich, um den morgigen Tag zu überstehen?

Machen Sie sich keine Gedanken darüber, wie sich Ihre Antworten anhören. Beim „Brainstorming" geht es ja gerade darum, genau das aufzuschreiben, was man fühlt, ohne sich zu rechtfertigen oder sich Gedanken darüber zu machen, ob die Antwort gut ist. Wenn Sie dreimal soviel verdienen müßten, um an Ihrem Arbeitsplatz zu bleiben, kündigen Sie. Wenn noch zehn weitere Jahre nötig sind, in denen Sie oder Ihr Partner reifen muß, damit Sie in einer Beziehung bleiben, beenden Sie

sie. Es spielt keine Rolle, wie konsistent Sie beim Aufstellen der Liste sind. Im Moment erforschen Sie lediglich Ihre Gefühle und setzen Prioritäten. Im weiteren Verlauf Ihrer Selbstanalyse möchten Sie Ihre Listen vielleicht überarbeiten:

Für den Dreiwochenplan habe ich mich mit zuwenig zufriedengegeben. Ich hätte in den Dreimonatsplan eine Beförderung aufnehmen sollen. Wenn ich einmal ganz ehrlich bin, möchte ich Sally noch nicht einmal morgen sehen.

Seien Sie mit sich selbst nicht so streng, wenn Sie Ihre Meinung ändern. Wenn Sie viele Ihrer Gefühle vergraben haben, seien Sie froh, daß sie endlich auftauchen. Unterdrücken Sie sie nicht, vielleicht haben Sie das jahrelang getan.

Sam war gerade als neuer Lehrer an eine prestigeträchtige Privatschule gekommen. Nach zwei Wochen an seinem neuen Arbeitsplatz erkannte er, daß er mit 35 Workaholics kaserniert war. Nicht nur, daß er die Aufsicht in einem der Schlafgebäude für Jungen hatte, sondern er mußte drei Theaterprojekte leiten. All das zusätzlich zu seiner Vollzeittätigkeit als Lehrer. Sam, der alleinstehend und erst 24 war, erkannte, daß sein Privatleben auf ein Minimum reduziert wäre.

Als er mich um Hilfe bat, fühlte sich Sam völlig überlastet. Er gab zu, einen Fehler gemacht zu haben. Wir untersuchten vier Alternativen: die sofortige Kündigung; bis zum Ende des Schuljahrs durchzuhalten und dann zu kündigen; sich zum Ende des Jahres einen neuen Job zu suchen; zwei Jahre durchzuhalten und die Chance auf einen besseren Arbeitsplatz als Lehrer zu erhöhen.

Sam erkannte schnell, daß eine sofortige Kündigung keine gute Idee war. Er hatte sich selbst nicht genug Zeit gegeben, sich an die Arbeit zu gewöhnen, und er wußte, daß es Lehrer im ersten Jahr immer schwer haben. Er hatte keine Erfahrung im Theaterspielen, was ebenfalls Zeit kostete. Seine Arbeit in den Unterkünften verabscheute er; er fand, die Jungs verhielten sich wie undisziplinierte Tiere. Doch er war auch neugierig, ob sich seine Einstellung mit der Zeit ändern würde.

Am Ende des Schuljahres zu kündigen, schien eine gute Möglichkeit zu sein. In ein paar Wochen würde er sich über seine Situation klarer sein. Seine Beurteilung würde allerdings besser aussehen, wenn er ein ganzes Jahr bliebe.

Um eine wirklich *gute* Stellung zu bekommen, würde er allerdings mindestens zwei Jahre durchhalten müssen, um seiner Beurteilung Glaubwürdigkeit zu verleihen. Zwei Jahre zu bleiben würde ihm außerdem eine klarere Vorstellung von der Arbeit als Lehrer im allgemeinen – und über sich selbst als Lehrer – geben.

Angesichts dieser Alternativen legte sich Sams Verzweiflung. Er war zwar an seinem Arbeitsplatz nicht glücklich, doch er gestand sich ein, daß er sich nicht genug Zeit gegeben hatte. Er entschied sich, ein ganzes Jahr zu bleiben und systematisch aufzuschreiben, wie sich die Dinge für ihn in der Schule entwickelten, wobei er die Fragen als Hilfsmittel benutzte, die Sie am Ende dieses Kapitels finden.

Ihre Situation und Ihre Umgebung ist immer einzigartig. Indem Sie Ihre Eindrücke schriftlich zusammentragen, können Sie die verschiedenen Alternativen abwägen. Vielleicht kommt Ihnen zunächst der Gedanke, es sei vernünftig, eine bestimmte Situation zu ertragen. Dann, mitten in der Nacht, kommt u.U. ein tief verschüttetes Gefühl zum Vorschein. Ihre Alternativen werden klarer, wenn Sie solche Gefühle zu Papier bringen.

Diese neuentdeckten Gefühle könnten Sie zu einer Kündigung bewegen. Oder sie führen dazu, daß Sie sechs Wochen warten, bevor Sie eine Entscheidung treffen. In ein paar Tagen scheint das, was Sie so bedrückt hat, nicht mehr so wichtig zu sein. Am wichtigsten ist, daß Sie darüber nachdenken, ob Sie bleiben und gleichzeitig glücklich sein können.

Einige Fragen, die Sie sich selbst in bezug auf Ihren Beruf oder Ihre Karriere stellen sollten

Die erste Gruppe von Fragen bezieht sich auf den Beruf und die Karriere. Machen Sie ein Kreuz neben jede der Fragen, die Sie mit „ja“ beantworten würden. Denken Sie daran, daß nicht die Anzahl der Fragen, die Sie mit „ja“ beantworten, wichtig ist. Im Moment sind nur die Gefühle wichtig, die auftauchen, wenn Sie diese Fragen beantworten. Benutzen Sie Ihr Tagebuch, um die Antworten festzuhalten und versehen Sie Ihre Eintragungen mit einem Datum.

1. Ist meine körperliche Gesundheit in Gefahr, wenn ich bleibe?
2. Ist meine geistige Gesundheit in Gefahr, wenn ich bleibe?
3. Halte ich *in erster Linie* deshalb durch, weil ich bereits viel Zeit in diese Situation investiert habe?
4. Beeinflußt die Angst vor dem, was kommen wird, meine Entscheidung negativ?
5. Habe ich das Gefühl, ein besonders unerfülltes Leben zu führen?
6. Ist es möglich, daß meine Situation völlig festgefahren ist (und ich mich nicht alleine befreien kann)?
7. Wäre ich erleichtert, wenn ich aus dieser Situation ausbrechen könnte?
8. Läßt mein Bleiben sehr stark darauf schließen, daß ich träge bin und/oder Angst habe, etwas zu verändern?

9. Bleibe ich, weil ich glaube, „zu beschäftigt“ zu sein, um nach etwas anderem zu suchen?
10. Bin ich in dieser Situation so unglücklich, daß ich psychischen Schaden nehmen könnte?
11. Bin ich an dem Punkt angelangt, wo kein Licht am Ende des Tunnels mehr zu erkennen ist?
12. Hat sich meine Situation so allmählich verschlechtert, daß mir gar nicht bewußt ist, wie schlimm die Dinge wirklich stehen?

Bevor Sie die Kreuze zusammenzählen, schauen Sie sich die Fragen noch einmal an und notieren Sie, ob beim Lesen der einzelnen Fragen bestimmte Gefühle auftauchten. Vielleicht möchten Sie diese Gefühle aufschreiben. (Sie sind viel wichtiger als die Anzahl der Kreuze.) Wenn diese Gefühle stärker werden, dann ist das ein gutes Zeichen dafür, daß langsam Ihre wahren Gefühle zum Vorschein kommen.

Für jene, die immer eine klare Vorgabe brauchen: Was jetzt folgt, ist lediglich dazu gedacht, Ihnen zu helfen, sich näher mit Ihrer speziellen Situation zu befassen. Es gibt keine bestimmten Punktzahlen, keinen Durchschnitt für *Sie*, also lassen Sie sich nicht dazu verleiten, aufgrund der Anzahl der „Ja's“ eine vorschnelle Entscheidung zu treffen. Okay, dann zählen Sie sie mal zusammen.

Anzahl ______ Beruf – 1

Ein Ergebnis von 9 bis 12 Punkten deutet darauf hin, daß Ihre berufliche Situation außergewöhnlich schlecht ist. Sie sollten die Möglichkeit zu kündigen auf jeden Fall in Erwägung ziehen.

Ein Ergebnis von 6 bis 8 Punkten deutet darauf hin, daß Ihnen die Arbeit nicht genug Erfüllung bringt. Bei einem derartigen Ergebnis fühlen Sie sich wahrscheinlich besser, wenn Sie noch einige Zeit an Ihrem Arbeitsplatz bleiben, um die Sache zu klären. Sie sollten die Möglichkeit zu kündigen mit in Betracht ziehen.

Ein Ergebnis von 3 bis 5 Punkten bedeutet, daß Sie Ihre Situation ein wenig genauer untersuchen sollten. Manch einer würde sagen, eine derartige Punktzahl sei eben die „Par-Zahl" auf diesem Platz, und wäre zufrieden, wenn er so wenige Konfliktpunkte hätte. Für einen anderen sind diese drei bis fünf Bereiche möglicherweise so einschneidend, daß er seine Situation für unerträglich hält. An dieser Stelle sollten Sie Ihre persönlichen Prioritäten genauer erforschen. Manche Menschen geben sich mit wesentlich weniger zufrieden als sie eigentlich verdienen. Sie müssen sich selbst fragen, ob Sie – trotz Ihres Ergebnisses – bereit sind, sich damit zufriedenzugeben.

Ein Ergebnis von weniger als drei Punkten läßt darauf schließen, daß es Ihnen beruflich recht gut geht. U.U. entsprechen aber Ihre Antworten auf diese Fragen nicht wirklich den Gefühlen, die Sie hinsichtlich Ihrer Arbeit haben. Wenn diese Gefühle anhalten, sollten Sie ihnen vertrauen. Sie sind viel wichtiger als jedes Gesamtergebnis.

Einige Fragen, die Sie sich selbst in bezug auf Ihre Partnerschaft oder Ehe stellen sollten

Machen Sie in der untenstehenden Liste ein Kreuz neben jede Frage, die Sie mit „ja" beantworten. Achten Sie auf die Gefühle, die beim Durchlesen der Fragen in Ihnen aufsteigen. Vertrauen Sie diesen Gefühlen und überlegen Sie, ob Sie sie in Ihrem Tagebuch festhalten sollten.

1. Ist meine körperliche Gesundheit in Gefahr, wenn ich bleibe?

2. Ist meine geistige Gesundheit in Gefahr, wenn ich bleibe?
3. Halte ich *in erster Linie* deshalb durch, weil ich bereits viel Zeit in diese Situation investiert habe?
4. Werde ich so sehr eingeschränkt, daß ich nicht mehr ich selbst sein kann?
5. Nimmt die Freude daran, mit meinem Partner zusammenzusein, immer weiter ab?
6. Beeinflußt das, was ich über Beziehungen und Ehen gelernt habe, meine Entscheidung zu bleiben oder zu gehen?
7. Habe ich starke Gefühle ignoriert, die ich bezüglich meiner Partnerschaft möglicherweise hatte?
8. Gibt es eine kleine Chance, daß wir die Situation zum Besseren verändern können?
9. Bin ich an einem Punkt angelangt, wo es kein Licht am Ende des Tunnels mehr gibt?
10. Hat sich meine Situation so allmählich verschlechtert, daß mir gar nicht bewußt ist, wie schlimm die Dinge wirklich stehen?
11. Behindere ich mich selbst, weil ich daran glaube, daß es nur einen einzigen Menschen auf der Welt gibt, der für mich bestimmt ist?

Ich möchte Sie noch einmal daran erinnern, daß die Gefühle, die Sie empfinden, während Sie über die Fragen nachdenken, viel wichtiger sind als jedes Gesamtergebnis. Und jenen, die unbedingt ein paar Richtlinien brauchen, möchte ich nur sagen, daß die folgenden Einschätzungen genauso unwissenschaftlich sind, wie die oben aufgeführten Punkte zur beruflichen Situation. Die folgenden Ergebnisse sollen Sie zum Nachdenken anregen und nicht irgendwelche „Durchschnittsergebnisse“ darstellen.

Da Sie es in einer Partnerschaft nur mit einer Person zu tun haben, mit der Sie Ihre Situation verändern können, stehen die Chancen für eine bedeutsame Veränderung viel besser als am Arbeitsplatz. Deshalb unterscheidet sich diese Interpretation von der Auswertung zur beruflichen Situation.

Zählen Sie jetzt die Gesamtzahl Ihrer Kreuze neben obenstehenden Fragen zusammen.

Anzahl _____

Ein Gesamtergebnis von 8 bis 11 Punkten zeigt, daß Sie viel Arbeit in Ihre Beziehung stecken müssen. (Oder vielleicht passen Sie beide in Ihrer Liebe zu Konflikten perfekt zusammen!) Vielleicht sollten Sie einmal darüber nachdenken, ob Sie in die *Vorstellung* von einer Partnerschaft verliebt sind und nicht in die Partnerschaft, in der Sie sich gerade befinden. Ein so hohes Gesamtergebnis deutet darauf hin, daß Sie wenigstens in Erwägung ziehen sollten, sich von Ihrem Partner zu trennen.

Ein Gesamtergebnis von 5 bis 7 Punkten läßt auf ausreichend inneren Aufruhr schließen, um sich Ihre Beziehung einmal ein wenig genauer anzuschauen. Eine 5, 6 oder 7 deutet nicht gerade auf eine tolle Beziehung hin, zeigt aber auch, daß sich eine Trennung vermeiden läßt, *je nachdem, inwieweit Ihr Partner bereit ist, sich in Bereichen zu ändern, die Ihnen wichtig erscheinen.*

Ein Gesamtergebnis von 3 oder 4 Punkten läßt zumindest darauf schließen, daß Ihre Situation vielleicht gar nicht *so* verheerend ist. Die zwei oder drei Bereiche, die Sie mit „ja“ beantwortet haben, können aber auch unüberwindlich sein. Auch hier müssen Sie wieder Ihre Gefühle und Prioritäten erforschen – nicht das bloße Gesamtergebnis. Dieses Ergebnis deutet darauf hin, daß Sie Ihrer Beziehung ein wenig Harmonie einhauchen sollten.

Ein Gesamtergebnis von ein oder zwei Punkten besagt, daß Ihre Beziehung sehr gut zu funktionieren scheint. Doch seien Sie mutig genug, sich damit auseinanderzusetzen, welche Bedeutung diese ein oder zwei Themen für Sie haben. Wenn Sie das Gefühl haben, niemals wirklich frei zu sein, Sie selbst sein zu können, haben Sie in dieser Beziehung möglicherweise ein unüberwindliches Problem.

Denken Sie auch jetzt wieder daran, daß Sie lediglich Ihre Situation analysieren. Vielleicht entwickeln Sie ein Gefühl dafür, in welche Richtung Sie gehen wollen, treffen jedoch jetzt noch keine konkreten Entscheidungen. Machen Sie mit diesem Prozeß der Selbstanalyse weiter. Die Fragen in den nächsten drei Kapiteln zu beantworten hilft Ihnen vielleicht, Ihre Gedanken weiter zu sondieren.

Kapitel 5: Wird es Ihnen schaden, wenn Sie jetzt kündigen oder Ihren Partner verlassen?

Überlegen Sie einmal, welcher Schaden angerichtet werden kann, wenn man an einem Arbeitsplatz bleibt, an dem die Stimmung vergiftet ist.

Sie werden problemlos eine ganze Reihe wohlmeinender Menschen finden, die Ihnen erzählen, was Sie alles zu verlieren haben, wenn Sie kündigen. Die meisten Menschen sind träge und wollen keine Veränderungen. Deshalb können sie sich auch nicht vorstellen, daß mehr Schaden entsteht, wenn man an einem kontraproduktiven Arbeitsplatz ausharrt, anstatt zu kündigen.

Ihre Kurzsichtigkeit hält diese Menschen jedoch keineswegs davon ab, Ihnen Ratschläge zu erteilen. Die Wahrscheinlichkeit, daß Ihnen viele Menschen sagen, daß Sie sich selbst schaden werden, wenn Sie kündigen, ist genauso groß wie die Wahrscheinlichkeit, daß Sie gegen die Spielautomaten in Las Vegas verlieren. Sie brauchen objektivere Hilfe – Hilfe, die sich auf Ihre ganz persönliche Situation, Ihre Prioritäten und Ihren Bezugsrahmen konzentriert.

Dieses Kapitel soll Ihnen bei der Frage helfen: Soll ich kündigen oder bleiben?

Schaden Sie sich selbst, wenn Sie an Ihrem Arbeitsplatz bleiben?

Der folgende „Überblick" ist, wie der in den vorangegangenen Kapiteln, kein wissenschaftlich fundierter Test. Er dient vielmehr als Werkzeug, um Ihre Gefühle zu erforschen. Die Interpretationen der Punktzahlen, die sich an den Überblick anschließen, sollen Sie nicht in eine bestimmte Kategorie pressen. Sie sollen Sie zum weiteren Nachdenken anregen.

Machen Sie ein Kreuz neben den Fragen, die Sie mit „ja“ beantworten würden:

1. Schadet dieser Arbeitsplatz meiner mentalen oder körperlichen Gesundheit?
2. Gewinne ich mehr, wenn ich kündige, als wenn ich bleibe?
3. Bleibe ich vor allem, weil ich die wirtschaftliche Sicherheit schätze?
4. Bin ich an einem Arbeitsplatz gefangen, der mir mehr schadet als nützt?
5. Könnte es sein, daß ich an diesem Arbeitsplatz bleibe, weil er berechenbar ist und ich keine Veränderung möchte?
6. Könnte ich meine Talente an einem anderen Arbeitsplatz oder in einer anderen Firma besser nutzen?
7. Bleibe ich, weil ich nicht möchte, daß andere denken, ich sei egoistisch?
8. Mache ich meine Vorgesetzten zu Gewinnern, während ich zum Verlierer werde?
9. Fürchte ich mich davor, mir einzugestehen, daß mein Job meinen Erwartungen nicht gerecht wird?
10. Bin ich am Ende jedes Arbeitstages total erschöpft?
11. Kann ich von mir sagen, daß, beruflich gesehen, die besten Zeiten hinter mir liegen?
12. Wäre ich insgeheim erleichtert, wenn man mir kündigen würde?

Gesamt ____________

Eine Gesamtpunktzahl von 9 bis 12 deutet sehr stark darauf hin, daß es Ihnen schaden würde, an Ihrem

Arbeitsplatz zu bleiben. Sie sollten die Möglichkeit einer Kündigung zumindest ernsthaft in Erwägung ziehen.

Eine Gesamtpunktzahl von 6 bis 8 bedeutet, daß es Ihnen schaden *könnte*, zu bleiben. Bei diesem Ergebnis ist es jedoch wahrscheinlich, daß Sie sich zunächst besser fühlen, wenn Sie an Ihrem Arbeitsplatz bleiben, bis Sie Ihre Situation geklärt haben.

Eine Gesamtpunktzahl von 3 bis 5 zeigt Ihnen, daß Sie herausfinden sollten, was es Sie wirklich kostet, an Ihrem Arbeitsplatz zu bleiben. Seien Sie darauf gefaßt, sich nach einer besseren Alternative umzusehen, falls Ihre Zweifel länger andauern oder stärker werden.

Eine Gesamtpunktzahl von unter drei deutet darauf hin, daß es Ihnen nicht sehr schadet, wenn Sie an Ihrem Arbeitsplatz bleiben. Doch wenn Ihre Zweifel anhalten, untersuchen Sie diese genauer, um herauszufinden, was dahintersteckt.

Inwiefern könnten Sie sich selbst dadurch schaden, daß Sie in einer unglücklichen Partnerschaft bleiben?

Einige Menschen haben eine so überaltete Vorstellung von einer Partnerschaft oder Ehe, daß sie meinen, es sei normal, sich gegenseitig zu verletzen. Vieles, was man im Laufe seines Lebens über Beziehungen gelernt hat, hat dazu geführt, daß die Menschen glauben, zum Funktionieren einer Beziehung gehöre ein großes Maß an Opferbereitschaft.

Seinem Partner auf halbem Wege entgegenzukommen kann sich für beide Partner positiv auswirken. Es kann aber auch für beide verheerende Folgen haben. Man muß bereit sein zu erkennen, wie sehr man sich selbst schadet, wenn man in einer Partnerschaft ausharrt, die zerstörerisch wirkt.

In einer Partnerschaft oder Ehe konzentriert man sich vor allem auf eine andere Person. Doch auch andere Faktoren können die Situation beeinflussen. Fred hatte das Gefühl, Eileen sei die richtige Frau für ihn, beide dachten ernsthaft über eine Heirat nach. Doch Fred hatte zwei Probleme: Eileens Töchter Sharon und Julie. Fred fand sehr schnell heraus, daß sie ihn als Eindringling betrachteten; beide Mädchen wollten ihn loswerden.

Das Problem an der Sache war, daß Eileen sich weigerte, diesen Konflikt einzugestehen. Eileen fand ihre Töchter wunderbar, und ein Mann, der das nicht so sah, war nicht der richtige Mann für sie. Also hatte Fred den „Schwarzen Peter". Obwohl das Problem mit den Mädchen fast unlösbar schien, wollte er es aus Liebe zu Eileen wenigstens probieren.

Fred konnte nicht über das sprechen, was er fühlte. Seine Frustration wuchs und er erkannte, daß diese Situation ihm schaden würde. Er akzeptierte aber auch, daß es ihm schaden würde, Eileen zu verlassen. Die Mädchen hatten schon früher dafür gesorgt, daß er sich unwohl fühlte, doch jetzt drehten sie richtig auf. Einmal, als sie sich während einer Mahlzeit heftig stritten, stand Fred auf und warf seine Serviette auf den Tisch. Er schaute Eileen direkt ins Gesicht:

Diese beiden Mädchen sind deine, ich habe also eigentlich nicht die Autorität, sie zu maßregeln. Aber wenn du willst, daß ich hierbleibe, mußt du mir helfen, diese beiden verwöhnten Gören im Zaum zu halten. Ich werde nicht ständig gegen sie ankämpfen. Ich fürchte, sie werden als Erwachsene nicht sehr glücklich werden, weil du sie nicht so behandelst, wie das Leben sie behandeln wird.

Eileen und die Mädchen schauten Fred fassungslos an. Ohne den Faden zu verlieren wandte sich Fred dann an die Mädchen:

Julie, Sharon – dies könnte euer Unglückstag sein. Es könnte aber auch euer Glückstag sein. Wenn ich die Nase voll habe und hier abhaue, wird es euer Unglückstag sein. Eure Mutter wird sich miserabel fühlen, und eure Beziehung zu ihr wird voller Bitterkeit sein. Wenn dies euer Glückstag ist, dann finden wir eine Lösung, wie wir alle hier glücklich zusammenleben können. Aber eins kann ich euch garantieren: In Zukunft ist Schluß mit dem „lieben, netten Onkel", wenn ihr ständig alle Register zieht und versucht, uns zu manipulieren. Das Leben wird sich für euch grundlegend ändern, denn wenn ihr euch noch einmal so benehmt, werde ich euch allen einen Tritt in den Hintern verpassen.

Fred hatte den Mut zu dieser aufwühlenden Rede, weil er erkannt hatte, daß er sich, egal was er tat, schaden könnte. Deshalb leitete er eine bedeutungsvolle Veränderung ein. In diesem Fall funktionierte es. Er entschied sich dazu, das Risiko einer offenen Konfrontation auf sich zu nehmen, weil er genau analysiert hatte, daß der augenblickliche Zustand nicht zu ertragen war. Als er sich über die Folgen und den möglichen Gewinn im klaren war, konnte er mit Zuversicht und Kraft vorwärtsschreiten.

Sechs Wochen lang hatte Fred zu kämpfen, doch dann bekam er Unterstützung von Eileen. Langsam erkannten die Mädchen, daß es schön war, einen selbstbewußten Mann im Haus zu haben. Sie erkannten auch, daß Fred sie liebte.

Diejenigen, die in einer Partnerschaft oder Ehe bleiben, weil sie Angst vor dem Trennungsschmerz haben, müssen möglicherweise noch größere Schmerzen ertragen. Wenn die Beziehung nicht mehr zu reparieren ist, wird die Verzweiflung, wenn man bleibt, nur noch größer.

Die folgenden Fragen sollen Ihr Denken schärfen. Setzen Sie ein Kreuz neben die Fragen, die Sie mit „ja" beantworten würden.

1. Bin ich glücklicher, wenn ich alleine bin?
2. Ist der Preis, den diese Beziehung verlangt, möglicherweise zu hoch?
3. Habe ich meine wahren Gefühle abgeblockt?
4. Habe ich Angst davor, mich meinen Gefühlen zu stellen?
5. Fällt es mir schwer, ich selbst zu sein, wenn ich mit meinem Partner zusammen bin?
6. Mag ich mich selbst weniger gern, wenn ich mit meinem Partner zusammen bin?
7. Bleibe ich nur deshalb in dieser Beziehung, um meinen Partner zu schützen?
8. Ist es möglich, daß es für diese Beziehung keine Hoffnung gibt?
9. Erwartet mein Partner zuviel von mir?
10. Bleibe ich vor allem deshalb in dieser Beziehung, weil ich zuviel von mir und meiner Zeit in sie investiert habe?
11. Bin ich vor allem deshalb in dieser Beziehung geblieben, weil ich Angst davor hatte, was andere von mir denken würden, wenn ich meinen Partner verlasse?

Gesamt __________

Denken Sie daran, daß Sie sich hier nicht mit der Gesellschaft auseinandersetzen müssen. Sie haben nur einen Partner (und vielleicht eine nörgelnde Schwiegermutter oder ein paar feindlich gesinnte Kinder), so daß die Chancen auf die Veränderung, die Sie anstreben, eigentlich ganz gut sein sollten. Doch auch hier kommt es wieder darauf an, was Sie empfinden, wenn Sie die Fragen lesen – und nicht, welche Punktzahl Sie erlangen. Wenn Sie sich nach den folgenden Bewertungen richten wollen, denken Sie daran, daß diese Sie lediglich zum Denken animieren und Sie nicht in eine bestimmte Kategorie pressen sollen.

Schreiben Sie in Ihr Tagebuch, was Sie beim Durcharbeiten der Fragen empfinden. Notieren Sie, ob Ihre Gefühle stärker werden. Trauen Sie dem, was aus Ihrem Inneren kommt.

Ein Ergebnis von 8 bis 11 deutet darauf hin, daß es Ihnen erheblich schaden könnte, zu bleiben. In Ihrer Beziehung sind u.U. erhebliche Veränderungen nötig, die einen kooperativen Partner voraussetzen. Sie sollten die Möglichkeit zu gehen, wenigstens mit in Betracht ziehen.

Ein Ergebnis von 5 bis 7 zeigt, daß Sie zumindest soviel Schaden nehmen, daß Sie über ein Ende der Beziehung oder tiefgreifende Veränderungen nachdenken. Auch dies hängt wiederum davon ab, wie kooperativ Ihr Partner ist. Eine 5, 6 oder 7 ist vielleicht kein Zeichen von einer guten Partnerschaft, aber es besteht die Möglichkeit, die Beziehung weiterzuführen.

Ein Ergebnis von 3 oder 4 zeigt, daß es Ihnen so geht wie den meisten Paaren. Ihre Situation und Ihr Umfeld sind wahrscheinlich nicht übermäßig vergiftet. Trotzdem möchten Sie vielleicht herausfinden, wie Sie diese Beziehung verbessern können.

Bei einem Ergebnis von weniger als 3 Punkten scheint Ihre Situation recht angenehm zu sein, und es gibt kaum Anzeichen dafür, daß Sie sich selbst schaden, wenn Sie in diesem Umfeld bleiben, es sei denn, die angekreuzten Bereiche sind so belastend oder schwerwiegend, daß die Situation unerträglich ist.

Vielleicht möchten Sie am liebsten gar nicht über die Kosten nachdenken, die Ihre Entscheidung für Sie haben könnte. Lassen Sie sich nicht dadurch einschüchtern, daß man im Moment übersensibel auf die sogenannte Ich-Generation reagiert. Sich um sein eigenes Wohlergehen zu sorgen ist nicht egoistisch. Tatsächlich können Sie sich um Ihre Familie nur dann kümmern, wenn Sie selbst in einem gesunden Umfeld leben. Wenn Ihre Entscheidung Ihnen wehtut, können Sie ziemlich sicher sein, daß sie denen, die Ihnen nahestehen, ebenfalls wehtut.

Bevor wir die Auswirkungen Ihrer Entscheidung auf andere untersuchen, möchte ich Sie daran erinnern, auch die anderen Bereiche Ihres Lebens außerhalb der beruflichen oder partnerschaftlichen Situation mit zu überdenken. Müssen Sie einige alte, unproduktive Gewohnheiten überprüfen, z.B. ungesunde Ernährungsweisen aufgeben? Gehen Sie seit Monaten (oder Jahren) zu demselben Therapeuten, ohne zu einem Ziel zu gelangen? Spielen Sie jeden Donnerstag Abend Bridge, nur weil Sie das bereits seit Jahren tun? Verpassen Sie die schönsten Plätze der Erde, weil Sie Ihren Urlaub immer an demselben Ort verbringen?

Kapitel 6: Werden Sie anderen wehtun, wenn Sie gehen?

Der Wunsch, andere nicht zu verletzen, ist einer der nobelsten Gründe, warum man bleibt. Es kann aber auch einer der dümmsten sein.

Nur sehr wenige Menschen möchten absichtlich jemandem wehtun. Die meisten Menschen sorgen sich sehr um ihre Mitmenschen. Es gibt zwar vereinzelte Beispiele von Egoismus und mangelnder Sensibilität, doch ich kenne sehr viel mehr Beispiele für Menschen, die sich aufopfern und gerne geben.

Doch wenn es um die Entscheidung aufzugeben oder durchzuhalten geht, sehe ich Verhaltensweisen, die an Selbstzerstörung grenzen. Das bezieht sich vor allem auf diejenigen, die sich selbst schaden, um anderen nicht wehzutun.

Es ist fast unmöglich, anderen nicht wehzutun

Diese Wahrheit wird in Ehen und Partnerschaften am deutlichsten. Wie einfach wäre alles, wenn zwei Partner zur gleichen Zeit die Nase voneinander voll hätten. Wie schön wäre es, wenn ein Mann und eine Frau gleichberechtigt entscheiden würden, daß ihre Beziehung am Ende ist! Ein solches Timing gibt es zwar, aber nur sehr selten.

Das Bewußtsein des einzelnen entwickelt sich unterschiedlich schnell. Der sicherheitsbedürftige Ehemann sehnt sich plötzlich nach einem Leben voller Abenteuer. Die brave Hausfrau und Gastgeberin hat plötzlich die Nase voll davon, die perfekte Gastgeberin zu sein. Kurz vor der Hochzeit entdeckt die Verlobte, daß sie noch nicht lange genug selbständig und alleine gelebt hat.

Unterschwellig, in der Tiefe ihrer Seele, kämpfen diese auf den ersten Blick „egoistisch" scheinenden Menschen einen harten Kampf mit sich selbst. Paul wünscht sich ein Leben voller Abenteuer, doch er hat einen Sohn und eine Tochter im Grundschulalter. Joanne, die „brave Hausfrau", erkennt, daß ihr Bedürfnis der Karriere ihres Mannes schaden könnte. Die Verlobte Cheryl sorgt sich darum, wie sehr sie ihren Mann mit ihrer plötzlichen Einsicht wehtut.

In jedem dieser Beispiele wird jemand dadurch verletzt, daß ein anderer sich dazu entscheidet zu gehen. Doch in jeder dieser Situationen steckt ein ebenso großes Katastrophenpotential, wenn die Person *bliebe.*

Um absolut sicher zu sein, müssen wir weiter forschen. Der abenteuerlustige Paul unterdrückt seinen inneren Drang und steht die Sache durch. Er findet sein Abenteuer in einer Affäre mit einer jüngeren Frau (ich heiße das keinesfalls gut!), die ihm das Gefühl gibt, jünger zu sein.

Das löst jedoch nicht den Konflikt. Als er schließlich seine Schuld eingesteht, kommt eine ganz neue Art von Problem auf ihn zu. Jetzt hat er eine Frau, die bereit ist, sich von ihm zu trennen, und zwei verwirrte Kinder. Ungerechtfertigterweise beschuldigt er seine Frau, seinen Bedürfnissen gegenüber unsensibel zu sein. Jetzt ist Pauls Situation noch schlimmer. Wenn das Paar darüber nachgedacht hätte, wie er seine Abenteuerlust hätte befriedigen können, wäre die Krise vielleicht zu überwinden gewesen. Vielleicht hätte einer oder beide einen Segeltörn mitgemacht. Wäre über das Problem gesprochen worden, hätte er vielleicht erkannt, daß seine Frau sein Bedürfnis, aus dem Trott auszubrechen, durchaus verstand. Mit einfühlsamer Kommunikation wären Pauls Gedanken an Ehebruch u.U. nur Gedanken geblieben.

Joanne, die „perfekte Gastgeberin“, sitzt in der Falle – jedenfalls glaubt sie das. Eine bessere Kommunikation hätte ihr eine Erleichterung bei ihrer Rolle als Gastgeberin bringen können. Vielleicht hätte sie herausgefunden, daß nicht alle Frauen von Managern ausschließlich die Rolle der Gastgeberin spielen. Doch sie hatte ihre Bedürfnisse unterdrückt, um die Karriere ihres Mannes zu fördern.

Leicht beschwipst beschwert sie sich auf einer Party, daß „manche Frauen lediglich die Papageien ihrer Ehemänner“ seien, eine Bemerkung, die auch zum Vorgesetzten ihres Mannes durchdringt. Einige Kollegen sind nicht mehr so gut auf Joanne zu sprechen. Ihr Ehemann verliert einen Teil seines Einflusses in der Firma, und seine Karrierechancen haben sich verschlechtert. Zwischen Joanne und ihren Mann hat sich ein tiefer Keil geschoben.

Cheryl entschließt sich, ihre Gefühle bezüglich einer Absage der Hochzeit für sich zu behalten. Sie überzeugt sich selbst, daß viele Alleinstehende sowieso unglücklich sind. Weil sie ihre wahren Gefühle auf unnatürliche Weise unterdrückt hat, bekommt sie kurz vor der Hochzeit Zweifel. Mit all diesen unterdrückten Gefühlen ist sie eine tickende Zeitbombe. Hätte sie mit ihrem Verlobten aufrichtig über ihre Gefühle gesprochen, hätte man möglicherweise zu einer Übereinkunft kommen können. Doch jetzt überlagerten Cheryls wahre Gefühle das Ereignis der Hochzeit.

Diese drei Beispiele haben zwei Dinge gemeinsam. Erstens: Paul, Joanne und Cheryl mußten sich entscheiden, entweder einem geliebten Mitmenschen wehzutun oder ihre eigenen Bedürfnisse zu unterdrücken. Zweitens ist es zwar fast unmöglich, dem anderen nicht wehzutun, doch verständnisvoll miteinander zu reden kann diesen Schmerz lindern.

Die Bedeutung der Kommunikation

Ich bin immer wieder darüber erstaunt, wie viele Menschen die Gedanken an eine Trennung mit sich alleine ausmachen. Warum fällt es ihnen so schwer, mit Freunden darüber zu sprechen? Mir fallen da eine ganze Reihe von Gründen ein:

- Man schämt sich seiner Gefühle
- Die Meinung der anderen verwirrt einen nur noch mehr
- Man hat Angst vor einem möglichen Gefühlsausbruch in Gegenwart einer anderen Person
- Man hat Angst davor, seine Entschlußkraft zu verlieren, wenn man über die Entscheidung spricht, eine Beziehung zu beenden

Eine Problemlösung ergibt sich eher aus der Bereitschaft einer Person zur Kommunikation als aus der Kommunikation selbst. Die Worte sind eigentlich lediglich der Eröffnungszug.

Folgendes sagte ich der Fachbereichsleiterin für Englisch, als ich erkannte, daß mein Job hoffnungslos war.

Martha, dieser Job bringt so viel Frustration mit sich. Ich unterrichte Kinder, deren visuelle Lernfähigkeit gut ist. Ich habe Vorträge auf acht Lehrerkonferenzen über visuelle Lernfähigkeit gehalten, aber unser Lehrplan ist so sehr auf die linke Gehirnhälfte ausgerichtet und so konservativ, daß ich das Gefühl habe, mein Licht unter den Scheffel zu stellen.

Martha war eine sehr verständnisvolle Person, aber die Antwort, die sie mir gab, ließ mich erkennen, daß ich möglicherweise kündigen mußte:

Jack, du bist sehr talentiert. Du bringst aber auch sehr viel Unruhe in den Lehrkörper. Wir haben Jahre dazu gebraucht, diesen Lehrplan zusammenzustellen. Du wirst unserem Programm ernsthaft schaden, wenn du darauf bestehst, nach deinen neuen Ideen zu unterrichten.

Ob ich blieb oder ging, ich würde Menschen damit verletzen. Dadurch wurde eine schmerzvolle Entscheidung tatsächlich ein wenig leichter.

Mit Kommunikation kann man aus jeder Situation das Beste machen, egal wie letztendlich die Entscheidung ausfällt:

Die Ankündigung einer Führungskraft, zu kündigen, führte dazu, daß sie von ihren Vorgesetzten verwöhnt wurde und alles bekam, was sie wollte. Man sah sie ungern bei der Konkurrenz. Sie brachte gute Ergebnisse, und es war absolut sinnvoll, sie zufriedenzustellen.

Ein Versicherungsvertreter, der seine Kündigungsabsicht bekanntgab, verursachte damit sogar seinen Aufstieg, weil man nun seine Eignung als Bezirksleiter erkannte und ihn beförderte. Die zusätzliche Verantwortung war genau das, was er wollte und so profitierte jeder davon.

Als eine Ehefrau ihren Wunsch nach einer vorübergehenden Trennung ausdrückte, wurde dem Ehemann klar, daß er nicht bereit war, das notwendige Engagement für das Aufrechterhalten der Ehe zu erbringen. Er war genauso unglücklich wie sie. So konnte das Ende ihrer Ehe mit sehr viel weniger Konflikten herbeigeführt werden.

Werden Sie anderen schaden, wenn Sie Ihren Arbeitsplatz aufgeben?

Auch in diesem Fall ist es gut, wenn Sie Ihre Gefühle genau erforschen und sie vielleicht sogar aufschreiben. Eventuell brachte eines der oben beschriebenen Beispiele bereits neue Einblicke oder Erkenntnisse. Das gleiche kann passieren, wenn Sie sich die folgenden Fragen stellen.

Machen Sie ein Kreuz neben die Fragen, die Sie mit „nein" beantworten würden. (Beachten Sie, daß Sie diesmal die „NEINs" anstreichen sollen!)

1. Richtet meine Kündigung großen Schaden an?
2. Ist es möglich, daß ich den Schaden, den ich anrichte, unterbewerte?
3. Wird es meiner Firma oder meinem Arbeitgeber sehr schaden, wenn ich kündige?
4. Ist es möglich, daß ich bleibe, weil ich anderen keine Unannehmlichkeiten und zusätzliche Belastung verursachen möchte?
5. Wären mit einem Arbeitsplatzwechsel erhebliche physische Veränderungen (z.B. ein Umzug etc.) für meine Familie oder Freunde verbunden?
6. Wären mit meiner Kündigung zu viele finanzielle Einbußen für meine Familie oder meinen Partner verbunden?
7. Würde meine Kündigung einen Umzug in eine andere Stadt erforderlich machen?
8. Wenn ich einige Zeit ohne Einkommen wäre, würde meine Familie sehr darunter leiden?
9. Wäre eine Kündigung für meine Familie peinlich oder erniedrigend?

Gesamt __________

Denken Sie daran, daß die folgenden Einteilungen keine festen Kategorien, sondern lediglich Anhaltspunkte sind, um Ihnen mehr Klarheit über Ihre Situation zu verschaffen.

Eine Gesamtpunktzahl von 0 bis 2 deutet darauf hin, daß die Wahrscheinlichkeit, anderen mit Ihrer Entscheidung zu schaden, sehr hoch ist. Nur ein Gespräch mit den Beteiligten kann dies klären.

Eine Gesamtpunktzahl von 3 oder 4 deutet darauf hin, daß Sie anderen mit Ihrer Entscheidung u.U. schaden. Wenn Sie mit den Betroffenen sprechen, entdecken Sie möglicherweise, daß es den Ihnen Nahestehenden wichtiger ist, Sie glücklich zu sehen, und daß sie bereit sind, dazu ihren Teil beizutragen.

Eine Gesamtpunktzahl von 5 oder 6 besagt, daß das Schadenspotential nicht allzu groß ist. Denken Sie darüber nach, wieviel Schaden Ihr Bleiben anrichten könnte. Außerdem sollte diese Punktzahl Sie zu einer besseren Kommunikation veranlassen. Sie ist jedoch keinesfalls ein Indiz dafür, daß Sie kündigen sollten.

Auch eine Punktzahl von 7 oder mehr sollte Sie nicht unbedingt zu einer Kündigung bewegen. Wenn Sie Ihre Situation korrekt eingeschätzt haben, dann wird Ihre Entscheidung relativ wenig Schaden anrichten. (Die Betonung liegt hier auf „korrekte Einschätzung".) Ein Gespräch mit den Betroffenen wird schnell zeigen, ob Ihre Einschätzung richtig war.

Werden Sie anderen wehtun, wenn Sie Ihre Ehe oder Beziehung beenden?

Natürlich! Nur wenn Sie gewalttätig sind oder anderweitige psychische Probleme haben, wird das Ende der Ehe oder Beziehung andere *nicht* verletzen.

Denken Sie daran, daß Sie mehr Klarheit in bezug auf Ihre Situation anstreben. Sie möchten eine Vorstellung davon bekommen, *wieviel* Schaden Sie mit Ihrer Entscheidung anrichten. Wenn Sie Ihre Gefühle bei der Beantwortung der Fragen aufschreiben, wird Ihnen das sicher helfen.

Machen Sie ein Kreuz neben jede Frage, die Sie mit „nein" beantworten würden. (Beachten Sie, daß Sie diesmal die „NEINs" anstreichen sollen!)

1. Wird es erhebliche Unannehmlichkeiten mit sich bringen, wenn ich diese Beziehung oder Ehe beende?
2. Ist es möglich, daß mein Partner großen seelischen Schaden erleidet, wenn ich ihn verlasse?
3. Bewerte ich die Fähigkeit meines Partners, es auch alleine zu schaffen, über?
4. Wird ein Ende der Beziehung meiner Familie erheblichen Schaden zufügen?
5. Wird ein Ende der Beziehung *seiner* Familie erheblichen Schaden zufügen?
6. Ist es möglich, daß ich die Beziehung beenden möchte, *weil* ich meinem Partner wehtun möchte?
7. Wird meine Entscheidung, ihn zu verlassen, gravierende finanzielle Einbußen für meinen Partner bedeuten?
8. Bedeutet meine Entscheidung große physische Belastungen (Packen, Umzug etc.) für meinen Partner?
9. Wird meine Entscheidung zu gehen, mögliche Zukunftspläne meines Partners sehr durcheinanderbringen?

Gesamt ___________

Das Ende einer Ehe oder langjährigen Beziehung bedeutet für die meisten Menschen einen erheblichen Einschnitt. Die folgenden Anhaltspunkte sollen keine konkreten Ratschläge geben, sondern Möglichkeiten aufzeigen, wie man in dieser Situation einen klaren Kopf bewahrt.

Eine Gesamtpunktzahl von 0 bis 2 deutet auf ein erhebliches Schadenspotential hin. Doch gerade diese Art von Fragen verleitet am ehesten dazu, daß man sie mit „ja" beantwortet. In diesem Bereich ist es ganz wichtig, daß Sie mit Ihrem Partner und den möglichen anderen Beteiligten sprechen.

Eine Gesamtpunktzahl von 3 oder 4 deutet auf ein gewisses Maß an Schadenspotential hin. Das könnte bedeuten, daß die Ehe oder Partnerschaft am Ende ist. Ein Gespräch mit Ihrem Partner gibt Aufschluß darüber, ob er oder sie die Situation genauso einschätzt wie Sie.

Eine Gesamtpunktzahl von 5 oder 6 zeigt, daß die Wahrscheinlichkeit, andere zu verletzen, eher gering ist. Es wäre sinnvoll, wenn Sie mit Ihrem Partner über die Bereiche sprechen, wo Sie ihn mit Ihrer Entscheidung verletzen könnten, um herauszufinden, welches Gewicht Sie beide diesen Bereichen zumessen.

Wenn Ihre Gesamtpunktzahl bei 7 oder mehr liegt, möchten Sie Ihre Situation vielleicht überdenken oder mit Ihrem Partner besprechen. Diese Punktzahl zeigt – wenn Ihr Partner die gleiche Einschätzung vornimmt –, daß die Wahrscheinlichkeit, daß Sie jemandem durch Ihren Entschluß schaden, minimal ist.

Beziehen Sie die Beteiligten in Ihren Entscheidungsprozeß mit ein

Der beste Führer ist derjenige, der so entscheidet, daß andere denken, sie hätten die entscheidende Idee gehabt. Ein Führungsstil wäre, zu sagen: „Das und das muß getan werden, und so und so werden wir es tun." Mit diesem Führungsstil wird man ein gewisses Maß an Effektivität erzielen. Ein anderer Vorgesetzter sagt: „Ich habe da ein Problem; was empfehlen Sie, wie wir dieses Problem lösen können?" Dieser Vorgesetzte hat wahrscheinlich mehr Erfolg mit seiner Methode. Der Schlüssel zu diesem Erfolg liegt darin, andere in den Entscheidungsprozeß mit *einzubeziehen.* (Das ist etwas anderes, als sich Rat von jemandem zu holen.)

Die Menschen brauchen das Gefühl, daß ihre Meinung wichtig ist. Wenn sie in einer problembehafteten Situation mitentscheiden dürfen, werden sie Verbündete. Mit Verbündeten ist jeder Konflikt, auch der einer Trennung, leichter zu bewältigen.

Die Gegenüberstellung der folgenden Beispiele zeigt Vorgehensweisen, die wahrscheinlich sehr unterschiedliche Ausmaße der Kooperation erzeugen:

Das Kirchenmitglied A erzählt seiner Frau, daß ihm die Kirche, der beide seit Jahren angehören, nicht mehr gefällt. Er fragt sie, was sie davon hält, sich einmal andere Kirchen anzuschauen.

Das Kirchenmitglied B erwähnt, daß er von seiner Kirche „die Nase voll" hat. Er informiert seine Frau darüber, daß sie ab nächsten Sonntag in eine andere Kirche gehen.

Lehrerin C erzählt ihrer Direktorin, daß sie nicht länger die Cheerleader leiten und trainieren wird. Sie sagt ihr, sie solle sich doch einen anderen Trottel für diesen Job suchen.

Lehrerin D erwähnt, daß es ihr keinen Spaß mehr macht, die Cheerleader zu trainieren und zu beraten. Sie fragt, ob sie bei der Suche nach Ersatz behilflich sein kann.

Ein feststehender Entschluß, zu gehen, kann selbst Ihre engsten Verbündeten zu Feinden machen. Die Bereitschaft, andere an Ihrer Entscheidung teilhaben zu lassen, kann aus potentiellen Feinden Verbündete machen.

Das nächste Kapitel soll Ihnen bei der näheren Untersuchung Ihres Umfelds helfen.

Sie führen doch noch Ihr Tagebuch, oder?

Kapitel 7: Fördert Ihr Umfeld Ihr persönliches Wohlbefinden, oder macht es Sie krank?

Einige Menschen halten Los Angeles für eine der ungesündesten Städte Amerikas. Wenn man sich auf die Autobahnen und den Smog (und eine gelegentliche Autobahn-Schießerei) konzentriert, ist das sicher richtig. Doch ich liebe L.A., und ich liebte es schon, bevor Randy Newman es in seinem Lied beschrieb.

L.A. ist ein freundlicher Ort. Die Polizisten entschuldigen sich fast dafür, daß sie einem einen Strafzettel ausschreiben. Die Menschen in den Supermärkten lachen. Eine Freundschaft beginnt mit einem lockeren Gespräch in einem Kinofilm. L.A. macht Spaß.

Oberflächlich gesehen kann ein Umfeld vergiftet erscheinen, doch dann, wenn man es sich näher anschaut, stellt sich heraus, daß es eigentlich wohltut. Mit diesem Thema sollten Sie sich einmal näher beschäftigen.

Nur wenige Menschen haben das Bedürfnis, von ihrem Vorgesetzten ständig gelobt zu werden. Und die durchschnittliche Hausfrau braucht kein unterstützendes, aufmunterndes Gespräch, bevor sie die Waschmaschine anstellt. Was am Arbeitsplatz positiv wirkt, funktioniert in der Beziehung zwischen Mann und Frau möglicherweise nicht.

Doch bestimmte Faktoren gelten für beide Bereiche. Anerkennung wird sowohl am Arbeitsplatz als auch in einer Beziehung als positiv empfunden. Das Gefühl, etwas wert zu sein, wirkt sich sowohl am Arbeitsplatz als auch in einer Beziehung positiv aus.

Mehrere Personen, die ich befragte, erzählten mir, daß sie sich irgendwie energiegeladen fühlten, wenn sie mit jemandem zusammen waren, den sie liebten, oder einen Arbeitsplatz hatten, der sie ausfüllte. Dieses Gefühl kam aus ihrem Innersten, und Worte der Aufmunterung oder Dankbarkeit waren dafür nicht unbedingt notwendig.

Während der eine sich durch verbales Lob angespornt fühlt, fühlt sich der andere dadurch akzeptiert, wie der Partner, der Vorgesetzte oder die Kollegen sich ihm gegenüber verhalten. (In Kalifornien nennt man das „Good Vibrations".)

Einer der Befragten sagte: „Ich weiß, daß ich mich in einer Umgebung befinde, die mir guttut, wenn ich ganz ich selbst sein kann und anderen das nicht nur gefällt, sondern sie auch positiv stimmt. Ich muß mir keine Sorgen darum machen, wie ich ankomme. Was immer ich auch tue es ist mehr als nur okay; es motiviert sie und tut mir deshalb ebenfalls gut."

Das Gegenteil davon ist ein vergiftetes Umfeld. Man wird zwar nicht im wahrsten Sinne des Wortes vergiftet, doch manchmal hat man das Gefühl, es wäre so. Ein vergiftetes Umfeld entzieht Energie. Menschen in einer vergifteten Umgebung haben das Gefühl, sich selbst schützen zu müssen – oder zumindest einen Teil ihres Selbst verbergen zu müssen, der andere Menschen verärgern könnte.

So wie ein gesundes Umfeld durch reichlich Anerkennung gekennzeichnet ist, gehört die fehlende Anerkennung, gepaart mit übermäßiger Kritik, zu einem vergifteten Umfeld. Energie geht verloren und man braucht mehr Ruhe und Erholung, um diese Energie wiederzugewinnen. Ein gesundes Umfeld fördert die Verdauung, ein vergiftetes beeinträchtigt sie.

Während ein angenehmes Umfeld den Menschen das Gefühl vermittelt, etwas wert zu sein, sehen sie in einer negativen Umgebung ihren Wert in Frage gestellt. Dies kann z.B. in Firmen passieren, wo man von den Mitarbeitern automatisch ein überdurchschnittliches Maß an Loyalität und harter Arbeit erwartet und sie dabei nicht motiviert. Das kann in einer Partnerschaft oder Ehe passieren, wo ein Partner dem anderen sagt: „Du erfüllst meine Erwartungen nicht."

Ich bin schon oft in Klassenräumen voller Schülern gewesen, die wissensdurstig auf ihren Stühlen saßen und auf den Lehrer warteten. Sie waren positiv gestimmt, weil sie wußten, daß man in der Klasse auf ihre Meinung Wert legte und daß man sich, wenn ein Fehler passierte, auf den Fehler und nicht auf die Person, die ihn verursachte, konzentrieren würde. Sie spürten, daß ihr Lehrer sie mochte und sein Fach gern unterrichtete. Dies ist ein angenehmes und den Schülern zuträgliches Umfeld, das ihnen gefällt und in dem sie gleichzeitig etwas lernen.

Im Klassenzimmer daneben konnte man manchmal eine völlig gegenteilige Situation erleben. Ein paar Schüler hofften, daß der Lehrer krank war. Sie waren nicht erwartungsvoll, sondern ängstlich. Der Lehrer fragte die Schüler nicht nach ihrer Meinung, weil er der Ansicht war, sie seien dumm, albern und könnten Zusammenhänge nicht erfassen. Die „Lebensmission" dieses Lehrers lautete, den Schülern klarzumachen, wie unvollkommen sie ohne das Wissen, das er ihnen vermitteln würde, waren. Ein derart vergiftetes Umfeld demotiviert sogar den eifrigsten Schüler.

Wie förderlich ist Ihr berufliches oder partnerschaftliches Umfeld? Wie vergiftet ist Ihr berufliches oder partnerschaftliches Umfeld? Die untenstehenden Fragen werden Ihnen bei der Einschätzung Ihrer Situation helfen.

Wie förderlich für Ihr Wohlbefinden ist Ihr Arbeitsplatz?

Um an einem Arbeitsplatz zu bleiben, sollten Sie zumindest fordern, daß er ein angenehmes Umfeld bietet. Die folgenden Aussagen beschreiben einige Faktoren eines positiv wirkenden Arbeitsplatzes. Denken Sie daran, in Ihrem Tagebuch die Gefühle festzuhalten, die beim Durcharbeiten der Liste in Ihnen aufsteigen. Machen Sie ein Kreuz neben die Aussagen, die zutreffen.

1. Sie genießen das Zusammensein mit den meisten Ihrer Kollegen.
2. Sie haben die Möglichkeit, einen Großteil Ihrer Ausbildung und Ihrer Fähigkeiten einzubringen.
3. Sie haben die Freiheit, über Ihre Gefühle zu sprechen.
4. Sie bekommen Lob und Unterstützung durch Ihre Vorgesetzten.
5. Sie haben das Gefühl, wertvolle Arbeit zu leisten.
6. Die Menschen in Ihrer Umgebung geben Ihnen das Gefühl, daß Ihre Arbeit wirklich wichtig ist.

Jetzt zählen Sie die Anzahl der Kreuze und die Anzahl der Leerräume zusammen.

Gesamtzahl Kreuze ____ Gesamtzahl Leerräume _____

Wenn die obengenannten Aussagen Ihnen utopisch vorkommen, dann geben Sie sich eventuell mit weniger zufrieden, als Sie verdienen. Möglicherweise sind Sie in der „Las Vegas Spielautomaten"-Mentalität gefangen, von der wir anfangs sprachen (mit einem Einsatz von zehn Dollar einen Gewinn von drei Dollar fünfzig erzielen).

Wenn Sie 5 oder 6 Kreuze gemacht haben, haben Sie riesiges Glück, und es wäre sicher schwierig, etwas ähnlich Gutes zu finden, falls Sie sich zu einer Veränderung entschließen sollten.

Wenn Sie 3 oder 4 Kreuze gemacht haben, könnte dies „normal" sein, Sie sollten aber überprüfen, wie stark Ihre Gefühle in den Bereichen sind, die Sie nicht angekreuzt haben.

Wenn Sie zwei oder weniger Kreuze gemacht haben, denken Sie einmal darüber nach, ob Sie sich wirklich in einem gesunden beruflichen Umfeld befinden. Kontrollieren Sie, wie viele Kreuze Sie bei den Aussagen zu den negativen Aspekten Ihres Arbeitsplatzes gemacht haben und ob ein erheblicher Widerspruch zu erkennen ist.

Wie vergiftet ist Ihr Arbeitsplatz?

Eine Stadt in Pensylvania mit vielen Kohlenbergwerken, in der ich einige Zeit lebte, rühmt sich ihrer sauberen Luft. Doch wenn Sie dort durch einen Supermarkt oder durch die Straßen gehen, dann können Sie die mentalen Schadstoffe fast mit dem Messer schneiden. Fragen Sie im Supermarkt, wo die Erdnußbutter steht, und Sie bekommen eine schnippische Antwort. Wenn Sie bei der Kassiererin einen Scherz machen, sagt sie Ihnen, daß Sie sich um Ihre eigenen Angelegenheiten kümmern sollen. Die Luft, die Straßen und die Parks sind sauber. Doch die mentale Atmosphäre ist total vergiftet.

Die folgenden Beschreibungen sollen Ihnen helfen, festzustellen, ob Sie in einer mental vergifteten Atmosphäre arbeiten. Achten Sie darauf, welche Gefühle die Einschätzung der Aussagen bei Ihnen weckt, und machen Sie ein Kreuz neben die Aussagen, die auf Ihren Arbeitsplatz zutreffen:

1. Man kritisiert Sie öfter, als daß man Sie lobt.

2. Wenn Gruppen von Kollegen miteinander sprechen, hört man meistens Beschwerden.
3. Man sagt Ihnen ständig, daß Sie nicht genug arbeiten.
4. Zu vielen Ihrer Kollegen haben Sie ein schlechtes Verhältnis.
5. Man ermahnt Sie häufig, bessere Arbeit abzuliefern.
6. Sie mögen Ihre Arbeit nicht.

Jetzt zählen Sie alle Aussagen, die mit „ja“ beantwortet haben, zusammen.

Gesamt ________

Wenn Sie 5 oder 6 Kreuze gemacht haben, könnte sowohl Ihre körperliche als auch Ihre mentale Gesundheit erheblichen Schaden nehmen. Sie sollten auf jeden Fall darüber nachdenken, zu kündigen.

Wenn Sie 3 oder 4 Kreuze gemacht haben, könnte es ebenfalls sein, daß Sie Schaden nehmen. Doch vielleicht möchten Sie noch andere Teile dieser Selbstanalyse mit zu Rate ziehen, bevor Sie sich entscheiden.

Wenn Sie 2 oder weniger Kreuze gemacht haben, ist Ihr Arbeitsumfeld wahrscheinlich in recht gutem Zustand, was die toxischen Eigenschaften angeht. Das heißt jedoch nicht automatisch, daß es sich um ein Ihrem Wohlbefinden förderliches Umfeld handelt.

Prüfen Sie, ob die Anzahl der Kreuze, die Sie bei der Analyse der positiven Eigenschaften Ihres Arbeitsplatzes gemacht haben, erheblich über der liegt, die Sie jetzt erreicht haben.

Wenn Sie sowohl bei den positiven als auch bei den negativen Eigenschaften relativ niedrige Ergebnisse erreicht haben, arbeiten Sie u.U. in einem langweiligen Umfeld und möchten vielleicht einmal etwas Anspruchsvolleres ausprobieren.

(Falls Sie bei den positiven Faktoren genauso viele Kreuze gemacht haben, wie bei den toxischen, können Sie die detailliertere Bewertungsmethode am Ende dieses Kapitels benutzen.)

In welchem Ausmaß ist Ihre Partnerschaft oder Ehe für Ihr Wohlbefinden förderlich?

Partnerschaften und Ehen können viel eher als Quelle der Freude dienen als der Arbeitsplatz. Deshalb sollte das Wohlbefinden in einer Beziehung an oberster Stelle stehen. Dadurch werden alle anderen Faktoren automatisch positiv beeinflußt. Mit ganz wenig Aufwand kann man sehr viel Gutes erreichen. Wenn das Wohlbefinden leidet, werden schon kleinere Probleme zur großen Belastung.

Ich wundere mich immer wieder, wie wenig Menschen über ihr persönliches Wohlbefinden nachdenken, wenn sich ihre Beziehung in einer Krise befindet. Andere Faktoren werden automatisch erwartet – Aufopferung, Hingabe und Loyalität –, aber irgendwie scheint das wichtigste Element immer wieder übersehen zu werden.

Wie gesund muß eine Ehe oder Partnerschaft Ihrer Meinung nach sein? Glauben Sie nur nicht, daß sie gesund für Sie ist, nur weil ihr Umfeld konfliktarm ist. Wenig Konflikte sind einfach nur wenig Konflikte.

Wenn Sie die folgenden Fragen nur schwer nachvollziehen können, überlegen Sie, ob Sie beide in der Lage sind, so zu empfinden. Erforschen Sie ganz genau die Gefühle, die sich einstellen, wenn Sie über diese Fragen nachdenken. Machen Sie ein Kreuz neben jede Frage, die Sie aufrichtig mit „ja" beantworten können.

1. Erhalten Sie von Ihrem Partner Anerkennung für das, was Sie zu der Beziehung beitragen?

2. Sagt er Ihnen ausdrücklich, daß er Sie liebt?
3. Haben Sie das Gefühl, daß Ihr Partner gern mit Ihnen zusammen ist?
4. Fühlen Sie sich im allgemeinen wohl, wenn Sie mit Ihrem Partner zusammen sind?
5. Vermittelt Ihr Partner Ihnen das Gefühl, daß Sie einen positiven Einfluß auf sein Leben ausüben?
6. Haben Sie das Gefühl, daß eine Ausgewogenheit herrscht zwischen dem, was Sie in die Beziehung investieren und dem, was Sie dafür bekommen?

Addieren Sie sowohl die Kreuze als auch die Leerräume, und schreiben Sie das Ergebnis auf:

Gesamtzahl Kreuze ____ Gesamtzahl Leerräume _____

Wenn Sie fünfmal oder öfter „ja" angekreuzt haben, scheinen Sie in einer sehr gesunden Partnerschaft zu leben. Wenn Sie daran denken, die Beziehung zu beenden, dann sicher nicht, weil diese Partnerschaft für Sie ungesund ist.

Eine Gesamtpunktzahl von 3 oder 4 deutet darauf hin, daß Ihre Beziehung Ihnen recht gut tut. Bei Ihrer Entscheidung, die Beziehung zu beenden, ist es vielleicht hilfreich, wenn Sie dieses Ergebnis mit der Analyse bezüglich der negativen Aspekte vergleichen, die gleich folgt.

Wenn Sie zwei oder weniger Kreuze gemacht haben, deutet das darauf hin, daß diese Beziehung für Sie nur wenig förderlich ist – vielleicht *zu*wenig. Manch einer mag sich mit diesem Bißchen zufriedengeben, um die Ordnung aufrechtzuerhalten oder eine wertvolle Beziehung zu retten. Das ist ein hoher Preis.

In Workshops oder Einzelsitzungen habe ich einige interessante Reaktionen auf die obigen sechs Fragen gesehen. Einige Teilnehmer erkannten, daß sie in einer ziemlich gesunden Beziehung lebten, und arbeiteten mit neuem Elan daran, diese noch zu verbessern. Andere erkannten, daß sie mehr Probleme hatten, als zunächst angenommen, und sahen ein, daß sie mehr mit ihrem Partner reden mußten. Wieder andere erkannten, daß Sie sich nicht genügend Gedanken um ihre Beziehung gemacht hatten.

Wie ungesund ist Ihre Beziehung?

Viele Menschen tolerieren Umfelder, die für sie nicht förderlich sind, ihnen mangelt es meistens an Mut oder Selbstwertgefühl, um der Sache ein Ende zu machen. In einer negativen Beziehung werden sie mental und körperlich vergiftet. Eine Beziehung, die nicht förderlich ist, ist unproduktiv, eine vergiftete aber macht sie krank.

Viele Menschen erkennen nicht einmal, daß sie in einer vergifteten Beziehung leben. Während Freunde und Familienmitglieder bereits die Symptome erkennen, scheinen sie den Betroffenen nicht bewußt zu sein, oder sie ignorieren diese Symptome. „Hören" Sie bei der Beantwortung der folgenden Fragen auf die Gefühle, die danach schreien, gehört zu werden. Machen Sie ein Kreuz neben jede Frage, die Sie mit „ja" beantworten würden.

1. Kritisiert Ihr Partner Sie häufig?
2. Haben Sie das Gefühl, daß er mehr auf Ihre Fehler als auf Ihre Erfolge achtet?
3. Haben Sie das Gefühl, einen übermäßigen Aufwand betreiben zu müssen, um einmal gelobt zu werden?
4. Schreit Ihr Partner Sie häufig an?
5. Kritisiert Ihr Partner Sie in Gegenwart anderer?
6. Bekommt Ihr Partner häufig Wutanfälle?

Gesamt _________

Eine Gesamtpunktzahl von 5 oder 6 deutet sehr stark auf ein ungesundes Umfeld hin. Wenn Sie in einer solchen Beziehung bleiben, haben Sie vielleicht ein übermäßiges Sicherheitsbedürfnis oder ein zu geringes Selbstwertgefühl. Dieses Umfeld sollten Sie unbedingt verlassen.

Eine Gesamtpunktzahl von 3 oder 4 deutet noch lange nicht auf eine gesunde Partnerschaft hin, doch Sie sollten nachsehen, ob das Positive Ihrer Beziehung entsprechend hoch ist, indem Sie Ihr Ergebnis mit dem vorhergehenden Abschnitt vergleichen. Wenn nicht, könnte dieses Umfeld Ihnen schaden.

Ein Gesamtergebnis von 2 oder weniger Punkten besagt, daß Sie keine echten Probleme in diesem Bereich zu haben scheinen. Hoffentlich haben Sie bei den Fragen zu den positiven Aspekten Ihrer Partnerschaft einen wesentlich höheren Wert erreicht – mindestens 3. Ansonsten sollten Sie zumindest einmal darüber nachdenken, ob Ihre Beziehung öde und trostlos ist und dringend frischen Wind braucht.

Ich bin diese Liste mit einigen Klienten und Studenten durchgegangen und habe gesehen, wie sie vor Schreck erstarrten, als sie erkannten, was sie bis dahin klaglos ertragen hatten. Für viele war es das erste Mal, daß sie sich eingestanden, in einem negativen Umfeld zu leben. Ihre Beziehungen waren so langsam verödet, daß sie gar nicht erkannten, was eigentlich passierte.

Sie ertrugen es. Sie ignorierten es. Sie paßten sich an.

Als sie schließlich bemerkten, welchen verheerenden Preis sie für diese Anpassung zahlen mußten, brachen lang unterdrückte Gefühle aus ihnen hervor. Wenn Sie emotional sehr stark auf diese Erkenntnisse reagieren, sollten Sie dringend mit einem professionellen Berater – oder zumindest einem guten Freund – sprechen, sodaß Sie wirklich alle Gefühle herauslassen können. Widerstehen Sie der Versuchung, alles in sich hineinzufressen.

Wenn Sie es zulassen, daß diese Gefühle zutage treten, können Sie Ihre Energie auf die Veränderung und den eigenen Neuanfang konzentrieren. Wenn Sie die Emotionen unterdrücken und einsperren, kostet Sie das viel kostbare Energie (sie für sich zu behalten) und eine vertane Chance (die Zusammenhänge zu erkennen und daran zu arbeiten, Ihr Leben angenehmer zu gestalten).

Im einzelnen:

Wenn Ihre Ergebnisse bei „gesund/vergiftet" ähnlich waren oder Sie diesen Bereich etwas genauer analysieren möchten, können Sie Ihre Ergebnisse mit den folgenden Hilfsmitteln genauer abgrenzen. Auch dies soll wiederum nur dazu dienen, daß Sie noch eingehender über Ihre ganz persönliche Situation nachdenken – nicht um Sie in ein bestimmtes Schema einzuordnen.

Ralph machte bei der Arbeitsplatzanalyse im positiven Bereich drei Kreuze und drei im negativen. Er arbeitete für einen überaus neurotischen Unternehmer und wußte nicht mehr, was er noch tun sollte. Ich bat Ralph, mir zu sagen, welche der folgenden Aussagen auf seine drei positiven Aussagen zutrafen:

- Das ist mir extrem wichtig. (5 Punkte)
- Das ist mir sehr wichtig. (4 Punkte)
- Das ist mir ein bißchen wichtig. (3 Punkte)
- Das ist mir kaum wichtig. (2 Punkte)
- Das ist mir überhaupt nicht wichtig. (1 Punkt)

Unten sehen Sie die drei Aussagen, die Ralph im positiven Teil mit „ja" beantwortete, und die dazugehörigen Punkte.

2. Sie haben die Möglichkeit, einen Großteil Ihrer Ausbildung und Ihrer Fähigkeiten zu nutzen. (Ralph ent-

schied: „Das ist mir sehr wichtig" und bewertete diese Aussage mit 4 Punkten.)

5. Sie haben das Gefühl, wertvolle Arbeit zu leisten. (Ralph entschied: „Das ist mir ein bißchen wichtig" und bewertete diese Aussage mit 3 Punkten.)
6. Die Menschen in Ihrer Umgebung geben Ihnen das Gefühl, daß Ihre Arbeit wirklich wichtig ist. (Ralph entschied: „Das ist mir kaum wichtig" und bewertete diese Aussage mit 2 Punkten.)

Ralph erreichte also bei den Aussagen, die er im Positiv-Teil ankreuzte, ein Gesamtergebnis von 9 Punkten.

Als nächstes bat ich Ralph, dasselbe mit den drei Aussagen zu machen, die er im negativen Teil angekreuzt hatte. Dieses Mal sollte er folgende Bewertung vornehmen und entsprechende Punkte vergeben:

- Das stört mich extrem. (5 Punkte)
- Das stört mich sehr. (4 Punkte)
- Das stört mich ein wenig. (3 Punkte)
- Das stört mich kaum. (2 Punkte)
- Das stört mich überhaupt nicht. (1 Punkt)

Unten sehen Sie die drei Aussagen, die Ralph bei dem Negativ-Teil angekreuzt hatte, sowie die dazugehörigen Punkte:

1. Man kritisiert Sie öfter, als daß man Sie lobt. (Ralph entschied: „Das stört mich sehr" und bewertete diese Aussage mit 4 Punkten.)
3. Man sagt Ihnen ständig, daß Sie nicht genug tun. (Ralph entschied: „Das stört mich extrem" und bewertete diese Aussage mit 5 Punkten.)
5. Man ermahnt Sie häufig, bessere Arbeit abzuliefern. (Ralph entschied: „Das stört mich extrem" und bewertete diese Aussage ebenfalls mit 5 Punkten.)

Bei der Gegenüberstellung positiv/negativ gab es auf der ersten Stufe jeweils 3 Punkte, bei einer detaillierteren Bewertung liegt das Gewicht mit 14 zu 9 auf den negativen Aspekten. Ralph erkannte, daß die negativen Aspekte – in seiner speziellen Situation – ihn mehr beeinflußten als die positiven Aspekte.

Sie können diese detaillierte Analyse selbst durchführen. Ob Sie das für Ihr berufliches Umfeld, Ihre Partnerschaft oder Ihre Ehe tun, Sie können aus dieser detaillierteren „Bewertung" mehr Klarheit gewinnen.

Wenn Sie Ihre Beziehung oder Ihr berufliches Umfeld im einzelnen analysieren wollen, verwenden Sie dazu einfach die obigen Aussagen (wichtig/störend), um einzuschätzen, wie *wichtig* jede der Aussagen, die Sie am Anfang dieses Kapitels angekreuzt haben, für Sie ist. Bei jeder Frage, die Sie im positiven Teil mit „ja" beantwortet haben, benutzen Sie folgende Einschätzungen:

- Das ist mir extrem wichtig. (5 Punkte)
- Das ist mir sehr wichtig. (4 Punkte)
- Das ist mir ein bißchen wichtig. (3 Punkte)
- Das ist mir kaum wichtig. (2 Punkte)
- Das ist mir überhaupt nicht wichtig. (1 Punkt)

Zählen Sie Ihre Punkte zusammen, und schreiben Sie das Ergebnis auf:

Genauere Bewertung im positiven Teil _____ Punkte

Für den negativen Teil benutzen Sie folgende Aussagen, um einzuschätzen, welche Bedeutung jede der angekreuzten Fragen für Sie hat:

- Das stört mich extrem. (5 Punkte)
- Das stört mich sehr. (4 Punkte)
- Das stört mich ein wenig. (3 Punkte)

- Das stört mich kaum. (2 Punkte)
- Das stört mich überhaupt nicht. (1 Punkt)

Zählen Sie Ihre Punkte zusammen und schreiben Sie das Ergebnis auf:

Genauere Bewertung im negativen Teil ____ Punkte

Schließlich ziehen Sie die kleinere der beiden Zahlen von der größeren ab:

Differenz positiv/negativ ________

Eine Differenz von nur ein oder zwei Punkten zeigt, daß andere Kapitel in diesem Selbstanalyse-Abschnitt (4, 5, 6) Ihnen weitere wichtige Anhaltspunkte für Ihre Entscheidung zu gehen oder zu bleiben, geben werden. Eine Differenz von drei oder mehr könnte sehr bedeutsam sein. (Ralph hatte eine Differenz von 5, bei 14 Punkten im negativen und 9 im positiven Bereich.) Dieser große Unterschied im einen oder anderen Bereich zeigt an, daß Ihr Umfeld Ihnen so guttut, daß Sie bleiben sollten, oder so vergiftet, daß Sie sich entschließen sollten, es zu verlassen.

Wenn Sie noch immer nicht sicher sind, sollten Sie diese Analyse und Bewertung alle paar Tage wiederholen, um festzustellen, in welche Richtung sich Ihre Situation (und Ihre Gefühle) entwickeln. Wenn Sie ein Licht am Ende des Tunnels erkennen können, wird sich das Ergebnis mehr zugunsten der positiven Aspekte verändern. Wenn Ihre Situation aussichtslos ist, werden sich die Ergebnisse mehr zugunsten der negativen Aspekte verändern.

Denken Sie daran, die Ergebnisse immer in Ihr Tagebuch einzutragen. Die Ergebnisse, die Sie bei den Fragen in den Kapiteln 4, 5, 6 und 7 erreicht haben, benötigen wir später noch (in Kapitel 12), um Ihnen zu einer sorgfältig überdachten Entscheidung zu verhelfen.

Nun, da Sie sich eingehend mit sich selbst und Ihren Gefühlen beschäftigt haben, sind Sie bereit, sich näher mit anderen Aspekten Ihres Umfelds auseinanderzusetzen.

Teil 3:

Analyse Ihres sozialen Umfeldes

Kapitel 8: Warum fähige und sympathische Menschen in unangenehmen Situationen ausharren

Es gibt Hunderte – vielleicht sogar Tausende – ganz persönlicher Grunde, warum man an einem Arbeitsplatz oder in einer Beziehung ausharrt, die einem schadet. Wir Menschen sind erstaunlich kreativ, wenn es darum geht, sich vernünftige Gründe, Entschuldigungen und Ausreden für unseren Wahnsinn auszudenken! In diesem Kapitel werden wir uns die am häufigsten angeführten Gründe ansehen. Vielleicht erkennen Sie sich hier wieder!

Grund Nr. 1: Mir ist gar nicht bewußt, was eigentlich mit mir geschieht

Wie oft ist es schon vorgekommen, daß Sie leichte Zahnschmerzen hatten, diese aber ignorierten, weil Sie sich nicht damit auseinandersetzen wollten, was sie bedeuten. Ein paar Wochen später wurden die Schmerzen stärker. Anstatt zum Zahnarzt zu gehen, nahmen Sie Schmerzmittel und hofften das Beste. Dann wurde der Schmerz so stark, daß nur noch sehr starke Medikamente halfen. Und dann versagten auch die starken Schmerzmittel. Am Ende entschlossen Sie sich für den letzten Ausweg – den Zahnarzt. Als der Zahnarzt dann mit der Röntgenaufnahme in das Behandlungszimmer zurückkehrte, schüttelte er ungläubig den Kopf und fragte: „Warum sind Sie nicht früher gekommen?“

Eine Bezahlung auf Rechnung ist nicht möglich!

Ich bezahle per:

- ☐ beiliegendem **Verrechnungsscheck, oder Postbankscheck.** Ausland bitte nur Schecks in Euro ausstellen.
- ☐ beiliegendem **Bargeld**, bitte nur im Expressbrief mit Transportversicherung und **Zustellung gegen Unterschrift**.
- ☐ **Überweisung / Postanweisung**, parallel zu dieser Bestellung auf: Postbank München Konto-Nr. 2058 78-802 BLZ 700 100 80. **Versand erfolgt erst nach Zahlungseingang!**
- ☐ **Nachnahmesendung** Porto 6,50 €. Nachnahme nicht ins Ausland oder an Postlageradressen.

● **Bei Faxbestellung (unter der Faxnummer 0 81 31/9 26 69) bitte unbedingt Absenderangaben ausfüllen!**

Kundennummer

Vorname Name

Straße Nr.

PLZ Ort

e-Mail-Adresse: For News and Everything for Sex'n Fun ...

Bestellschein

Rückgaberecht: bis 14 Tage ab Erhalt der Ware.

Mindestbestellwert € 25,00

Bestell-Nummer	Größe	Menge	Artikelname	Preis in €	Gesamt-Preis
6 1 8			Ü-Paket »2-Slips Duett«	12,90	
				+ Porto	
				Summe	

Achtung! **Erotik-Artikel nur gegen Altersangabe.**

Geburtsdatum: Tag |_|_| Monat |_|_| Jahr |_|_|_|_|

Portokosten: (inkl. Verp.) Inland **3,50 €** / Europa **8,– €** / Nicht-Europa **19,– €**. Ab **130,– €** portofrei. Nicht-Europa portofrei ab **260,– €**.

Kartenart: ☐ **Visa** ☐ **Eurocard / Mastercard** **gültig bis:** |_|_| |_|_|

Karten-Nr. |_|_|_|_| |_|_|_|_| |_|_|_|_| |_|_| |_| |_|

Bestelldatum Unterschrift

Achtung: Keine Lieferung an Postfach oder an Postlageradresse. Ich bin damit einverstanden, auch von anderen Firmen Informationsmaterial zu erhalten.

Darf ich Ihnen (m)eine e-Mail senden?

Unser TOPMAN High-Speed Info-Service wird auch Sie begeistern, denn wir bieten News, Unterhaltung, Erotic-Fashion, Wäsche, Everything for Sex'n Fun, Hot Links und vieles mehr. Kurz, bündig und mit Farbbildern. Und wenn Sie mehr wollen, sind Sie mit einem Klick direkt in unserem neuen Portal. **Bitte nennen Sie uns hier Ihre e-Mail-Adresse.**

Herzlichen Dank! Ihr Steven

11//23708
Kd.-Nr.:602010

J. Höbald
Josephskirchstr.17
51103 Köln

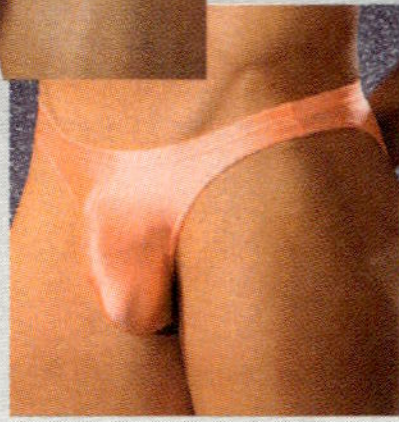

Doppelpack zum Schnäppchen-Preis – hier sparen Sie bares Geld:

Ü-Paket »2-Slips Duett«
Sie erhalten 2 erotische Slips der unterschiedlichsten Formen, wie Slip und/oder String und/oder Tanga, zum Sparpreis! Ständig wechselnde Inhalte der verschiedensten Farben und Materialien, wie Glanz- und/oder Transparentstoff, Netzqualität, Wäsche- und/oder Badestoff, Lack- und/oder beschichtetes Material.
Nr. 618 Größen S,M,L € 12,90

TOP MAN® anziehend erotisch
TOPMAN · Postfach 1129 · 85749 Karlsfeld
Tel.: (0 81 31) 9 10 50 · Fax: (0 81 31) 9 26 69
Internet: www.topman.de · e-Mail: info@topman.de

Bitte Adresse überprüfen und gegebenenfalls ändern.

Diese frustrierenden Situationen erleben Zahnärzte täglich. Sie verstehen einfach nicht, warum die Leute warten, bis die Schmerzen unerträglich werden, bevor sie etwas unternehmen, um ihren Zähnen zu helfen.

Dasselbe Verhaltensmuster existiert auch in bezug auf berufliche Situationen und Partnerschaften. Viele warten, bis die Schmerzen unerträglich sind, bevor sie daran denken, etwas zu unternehmen. Viele der Menschen, die ich befragte, sagten, daß sie nicht registriert hatten, wie schlecht es ihnen ging, weil sich ihre Situation ganz allmählich verschlechtert hatte. Wenn sich eine Situation allmählich zum Negativen entwickelt, erkennen viele nicht, was eigentlich geschieht.

June war erstaunt, als sie auf ihre Ehe zurückblickte: Alle Symptome waren vorhanden gewesen, sie hatte sie nur einfach nicht sehen wollen. Als Bill anfing, mehr zu trinken, sagte er, er brauche das zur Entspannung. Dann schlug er sie zum ersten Mal im Streit. Das war vorher noch nie passiert.

Bill bereute sein Verhalten so sehr, daß June ihm verzieh. Bill hörte nicht auf, sie zu schlagen, hatte jedoch kein schlechtes Gewissen mehr dabei. Jetzt glaubte Bill, das Recht zu haben, June zu schlagen, wenn sie seiner Meinung nach aus der Rolle fiel. Auch Bills Sprache verkam immer mehr, und June wurde schlagartig wachgerüttelt, als Bill sie eines Tages eine „undankbare Hure“ nannte.

Als June Bill damit konfrontierte, erwiderte er, das sei für eine Ehe im siebten Jahr normal. Sie würde die Beziehung ruinieren, wenn sie sich immer nur auf das Negative konzentrierte. Als June ihn weiter bedrängte, ging er nach unten und trank ein paar Gläser.

June erkannte langsam, wie wenig Gedanken sie sich um ihre Ehe gemacht hatte. Seit ein paar Jahren trank Bill nun schon jeden Abend ein oder zwei Gläser, bevor er ins Bett ging. Sie bemerkte auch, daß Bill mit ihr nicht mehr über seine Arbeit sprach, und mit Grauen erinnerte sie sich an das erste Mal, als Bill sich nicht mehr bei ihr entschuldigte, nachdem er sie geschlagen hatte.

June war in der Lage, ihren Mann mit der Realität zu konfrontieren: Wenn er ihren Bedürfnissen gegenüber nicht sensibler würde, wäre das das Ende ihrer Ehe. Bill wurde sich seines Problems bewußt, und suchte bei einem Fachmann Rat. In der Therapie gab Bill zu, daß sich die Situation an seinem Arbeitsplatz ebenfalls verschlechtert hatte. Er begann, sich effektiver mit seinen eigenen Konflikten auseinanderzusetzen, und machte eine Entziehungskur für Alkoholiker. In der Eheberatung konzentrierte man sich auf eine verbesserte Kommunikation und gegenseitigen Respekt.

Nur wenige Menschen würden so hart kämpfen, um ihre Beziehung zu retten, wie June. Als sie erkannte, wie sehr sich ihre Ehe verschlechtert hatte, machte sie sich daran, etwas zum Besseren zu verändern. Ob das Ergebnis darin besteht, die Dinge zu verbessern und die Beziehung aufrechtzuerhalten, oder ob man sich dazu entschließt zu gehen: Der erste Schritt ist, ein *Bewußtsein* für das, was vor sich geht, zu entwickeln.

Grund Nr. 2: Eigentlich ist alles in Ordnung!

Es scheint menschlich zu sein, so zu tun, als wären die Dinge besser, als sie in Wirklichkeit sind. In echten Krisen ist es trotzdem absolut notwendig, ehrlich zu sich selbst und zu seinen Angehörigen zu sein. Niemandem ist damit gedient, wenn Sie Ihre Gefühle durch eine rosarote Brille sehen.

Viele Menschen verharren in einem schädlichen Umfeld, weil sie sich ihrer wahren Gefühle bezüglich dieser Situation nicht bewußt sind. Das angeblich intakte Äußere wird zur Rolle. Das Problem bei den meisten

Rollen liegt darin, daß sie so überzeugend gespielt werden – *daß selbst der Schauspieler sie glaubt.* Jemand, der in einer Partnerschaft nicht glücklich ist, möchte vielleicht nicht, daß der geliebte Partner das merkt.

Viele meiner Freunde und näheren Bekannten sind Therapeuten. Sie sagen, daß der Durchbruch bei den Klienten dann kommt, wenn sie ihre wahren Gefühle enthüllen. Für viele ist das, als würden sie ein Schleusentor öffnen. Wenn erst ein paar der verborgenen Gefühle auftauchen, kommen schließlich auch viel tiefer sitzende an die Oberfläche. (Wenn das passiert, während Sie dieses Buch lesen oder die Fragen beantworten, lassen Sie es geschehen. Suchen Sie sich einen guten Therapeuten, wenn Sie meinen, daß Sie bei der Bewältigung ungewohnter oder beängstigender Gefühle Hilfe brauchen.)

Als Einkäuferin in einem großen Kaufhaus verdiente Judy sehr viel Geld. Sie fand an ihrem Arbeitsplatz zwar keine Erfüllung, war jedoch der Ansicht, daß das eben die Par-Zahl für diesen Parcours war. Da sie täglich mit vielen Menschen zu tun hatte, war eine positive Ausstrahlung für sie ganz wichtig. Sehr schnell lernte sie, daß ein strahlendes Lächeln und eine „äußerst positive Einstellung“ sich sofort in höherem Einkommen niederschlug. Diese Fassade wurde jedoch so sehr ein Teil ihrer Rolle, daß sie sie für die Wirklichkeit hielt, bis ihre wahren Gefühle an die Oberfläche kamen:

Ich hätte nicht gedacht, daß meine innersten Gefühle ausgerechnet auf einer Party hervorbrechen würden, bei einem Mann, den ich kaum kannte. Dieser Typ war wirklich stark. Er war nicht einer von diesen Männern, die nach zehn Minuten, nachdem sie mich kennengelernt haben, versuchen, mit mir ins Bett zu gehen. Ich vertraute ihm sofort. Ich erinnere mich noch lebhaft daran, wie er mich mit seinen sensiblen

Augen anschaute und fragte: „Judy, wie findest du deinen Job denn wiklich?" Das war's. Es war, als würde ein Korken aus einer Champagnerflasche herausploppen. Wie ein Schwall strömten die Gefühle aus mir heraus, als müßte in kürzester Zeit alles an die Oberfläche tauchen. Normalerweise fluche ich nicht, aber Sie glauben nicht, wie oft ich das Wort „Mistkerl" benutzte. Mein Bezirksvorgesetzter war ein widerlicher Mistkerl. Die Leute, denen ich etwas verkaufen sollte, waren Idioten ohne Vorstellungsvermögen. Schließlich hielt ich mich selbst sogar für schwachsinnig, weil ich nicht wußte, was ich wirklich von meinem Job hielt.

Judy ist nicht die einzige. Viele spielen das Spiel recht gut. Darauf konditioniert, ihre wahren Gefühle zu verbergen, brauchen sie sehr starke Auslöser, um sie an die Oberfläche zu holen. Diese Erkenntnis kann in Form von Wut oder, was häufiger vorkommt, in Form von Depressionen auftreten. Eine allgemein anerkannte Deutung der Depression besagt tatsächlich, daß es sich um eine Nachricht aus dem tiefsten Inneren handelt, die deutlich machen will, daß im Leben einer Person etwas nicht funktioniert.

Wenn Sie Ihre eigenen tiefsten Gefühle sorgfältig untersuchen – so ehrlich Sie nur können – enttarnen Sie vielleicht eine vorhandene „Heile Welt"-Fassade. Die Selbstanalyse-Fragen in den Kapiteln 4 bis 7 werden Ihnen dabei helfen, doch wenn Sie professionelle Hilfe benötigen, suchen Sie möglichst bald einen Fachmann auf.

Grund Nr. 3: Irgend etwas läuft schief, aber ich bin zu beschäftigt, etwas zu ändern

Bei meinen Untersuchungen zum Thema „Aufgeben" war ich immer wieder erstaunt, wie viele Menschen den Satz „Ich bin zu beschäftigt" als Entschuldigung verwendeten.

Sobald ich mehr Zeit habe, werde ich mich einmal ganz in Ruhe hinsetzen und mich mit diesem Thema eingehender befassen.

Wenn ich doch nur mehr Zeit hätte, könnte ich mich nach einem neuen Job umsehen.

Wenn Ginny nicht soviel meiner Freizeit beanspruchen würde, hätte ich mehr Zeit herauszufinden, ob ich mit jemand anderem glücklicher wäre.

All diese Argumente dienen lediglich als Ausrede. Sie hängen ganz eng mit dem Problem „Durchhalten" zusammen und sind ungefähr genauso sinnvoll wie der Satz: „Ich wäre ja schon längst zu einem Therapeuten gegangen, wenn ich die ganze Zeit nicht so depressiv gewesen wäre."

Belena fand heraus, daß sie diese Ausrede sowohl für ihre Ehe als auch für ihren Arbeitsplatz benutzte. Am Arbeitsplatz erzählte sie ihren Freunden, daß ihre Beziehung so anstrengend sei, daß ihre Arbeit dadurch beeinträchtigt würde. Zu Hause erzählte sie ihrem Mann, daß ihr Job sie verrückt mache und daß ein besserer Job wahrscheinlich auch ihrer Ehe guttun würde.

So taktvoll, wie ich konnte, sagte ich Belena, daß ich ihr nicht helfen konnte, und schlug ihr vor, daß sie sich von einem Fachmann beraten lassen sollte, um ihre wirklichen Konflikte zutage zu fördern und aufzuarbeiten.

Schon Belenas Mutter hatte in einer Dauerkrise gelebt und war „zu beschäftigt“ gewesen, ein erfülltes und sinnvolles Leben zu leben. In der Therapie erkannte Belena, daß sie eine ähnliche Mentalität hatte, und sie arbeitete daran, diese zu überwinden. Sie wollte ihre wahren Lebensziele identifizieren und sich dafür auch Zeit nehmen.

Ich fand bei meinen Untersuchungen noch etwas anderes heraus. Jene, die an ihrem Arbeitsplatz wirklich glücklich sind, finden immer noch Zeit dafür, das zu tun, was ihnen Spaß macht (selbst wenn sie zwölf Stunden am Tag arbeiten). Jene, die an ihrem Arbeitsplatz unglücklich sind, haben dazu keine Muße, selbst wenn sie nur vier oder sechs Stunden am Tag arbeiten. Für jemanden, der unglücklich ist, scheint der Job alles aufzusaugen. Das erkannte Belena, als sie ihre Prioritäten klar festlegte und ihre Zeit besser einteilte.

Unsere Gesellschaft hat die Vorstellung weitgehend akzeptiert, daß die Arbeit uns unserer Freizeit beraubt, unserer dringend benötigten Erholung und der Zeit, die wir mit Freunden und Familie verbringen könnten. Doch all diejenigen, die diese Ausrede gerne für ihre Ehe oder Partnerschaft verwenden, haben eine noch schwächere Ausrede.

Wenn Sie das gleiche Problem in einer persönlichen Beziehung haben, müssen Sie den Wert dieser Beziehung neu überdenken. Wenn Zeitkonflikte existieren, zieht die Beziehung meistens den kürzeren. Es mag vielleicht Bestandteil unserer kulturellen Konditionierung sein, daß wir unser Interesse an Familie und Freunden für unsere Karriere opfern, doch das macht es nicht weniger schädlich und kontraproduktiv. Konditionierung oder nicht, Ihre Prioritäten setzen Sie immer noch selbst, und Sie selbst treffen die Entscheidung. Sie selbst ernten, was Sie gesät haben, ganz egal, für wie angemessen oder wichtig Sie Ihre Entscheidung hielten.

Wenn Sie keine Zeit haben, bessere Alternativen zu finden, dann fehlt Ihnen auch die Zeit, ein sinnvolles Leben zu leben.

Grund Nr. 4: So ist nun einmal das Leben!

Der Autor und Dozent Zig Ziglar stellt einen interessanten Vergleich zwischen Flugzeugen, Schiffen, Häusern und Menschen an. Ein Flugzeug rostet sehr viel schneller, wenn es am Boden bleibt. Ein Schiff wird eher durch die Muscheln im Hafen als durch die hohen Wellen auf offener See beschädigt. Ein Haus nutzt sich viel schneller ab, wenn niemand drin wohnt.

Genauso ist es beim Menschen. Er wird eher an Langeweile und Unterforderung als an Überlastung zugrunde gehen.

John arbeitete bereits seit zehn Jahren für dieselbe Firma. Während der letzten fünf Jahren hatte er offen zugegeben, daß er mit seiner Arbeit nicht mehr zufrieden war. Seine Frau und seine Kinder waren nicht das Problem. Sie gaben ihm zu verstehen, daß sie zu einem Umzug bereit waren und, wenn nötig, mit weniger Geld auskommen würden.

Johns Familie wollte, daß er den Funken wiederfand, der einmal in ihm war. Doch John saß fest. Er träumte von einem besseren Job, aber wenn es dann darum ging, tatsächlich etwas zu unternehmen, konnte er es nicht. Es gab immer irgend etwas, das vorher noch getan werden mußte.

Johns berufliches Leben stagnierte. Es schien, als könnte er sich nicht dazu aufraffen, sich in eine Richtung zu bewegen, die ihm mehr Erfüllung versprach. Er hatte das Talent, doch der Antrieb fehlte.

Manche Leute brauchen ein symbolisches „Erdbeben", damit sie den Weg aus einem stagnierenden Umfeld in ein erfüllteres finden. (Dieses Erdbeben wird in Kapitel 10 in Form einer echten Krise erörtert.) Manche vergleichen diesen Prozeß mit einer Bluttransfusion.

„Ich konnte es nicht glauben", sagte eine Frau, die von ihrem Mann verlassen wurde. „Als mein Mann mich und die Kinder verließ, dachte ich, das sei das Ende meines Lebens. Es dauerte sehr lange, bis ich mich der neuen Situation anpaßte. Doch genau das passierte: Ich paßte mich an. Zum ersten Mal in meinem Leben entdeckte ich neue Möglichkeiten. Ich fand Gefallen daran, über mein Leben selbst zu bestimmen. Vorher kochte ich jeden Tag zur gleichen Tageszeit drei Mahlzeiten, holte meinen Mann jeden Tag vom Zug ab. Ich würde das noch immer tun, wenn Phil mich nicht verlassen hätte."

Wenn Sie an der Einstellung „So ist nun einmal das Leben" festhalten, werden Sie dieses Buch lesen, es vielleicht interessant finden und dann Ihr Leben genauso weiterleben wie bisher. Es spielt keine Rolle, ob Ihr Job Ihnen für die Zukunft nichts verspricht. Es spielt keine Rolle, daß die Situation wahrscheinlich immer schlimmer wird. Sie haben sich Ihrem Trott angepaßt. Diese „Anpassung" ist für Sie wichtiger als Erfüllung.

Stagnierende Menschen lassen sich am schwersten wachrütteln. Ihre automatische Reaktion ist, sich umzudrehen und weiterzuschlafen.

Grund Nr. 5: Ich habe sehr viel Zeit und Ausbildung investiert

Oberflächlich betrachtet sieht Ihre Investition wie ein vernünftiger Grund aus, in einem unbefriedigenden Job, einer unglücklichen Partnerschaft oder einem anderweitig energieraubenden Umfeld zu verharren. Ich habe Lehrer gesehen, die sich in ihrem Job total unwohl fühlten, doch sie wollten ihn nicht aufgeben, weil sie soviel Zeit in die Ausbildung investiert hatten. Es spielte keine Rolle, daß sie ihre Arbeit (oder ihre Studenten und Schüler) nicht mehr mochten.

Zufriedenheit am Arbeitsplatz, in einer Ehe oder Partnerschaft spielt jedoch eine sehr große Rolle!

Während der zehn Jahre, die ich als Lehrer in einem College verbrachte, waren unter meinen Studenten eine ganze Reihe von Hausfrauen. Irgend etwas veranlaßte Sie dazu, ihren Horizont zu erweitern und zum College zu gehen. In den meisten Fällen unterstützten die Männer dies oder verhielten sich zumindest neutral. Doch in einem von drei Fällen wurde die Weiterbildung der Ehefrau zur Bedrohung.

Joyce, die ich sowohl als Nachbarin als auch als Studentin kannte, war Mitte Dreißig. Sie sehnte sich danach, mehr als „nur“ Hausfrau zu sein. Sie wollte irgendeine interessante Arbeit beginnen und kam zum College, um an einem beruflichen Orientierungsseminar teilzunehmen. Ihre Begeisterung wuchs, und so schrieb sie sich für mehrere Fächer ein, unter anderem für meinen ersten Englischkurs. Nachdem wir uns über meine Angst amüsiert hatten, daß unsere Freundschaft ruiniert werden könnte, weil sie meine Studentin ist, wurde Joyce ungewöhnlich ernst:

Ich habe Angst vor Harold. Er war letzte Woche richtig eklig zu mir. Er hat mir klar zu verstehen gegeben, daß er, als er mich heiratete, von mir erwartete, daß ich Hausfrau und Mutter sein würde. Die Vorstellung, daß ich irgend etwas darüber hinaus tun könnte, beängstigt ihn.

Drei Wochen später verließ Joyce den Kurs. Nach weiteren Gesprächen mit Harold war sie davon überzeugt, daß sie Ehefrau und Mutter zu sein hatte und sich nicht anderweitig engagieren sollte. Das würde zumindest ihre Ehe stabilisieren.

Ich erklärte ihr, daß sie ihr Dasein als Mutter und Ehefrau nicht aufzugeben brauchte. Sie könnte diesen Rollen neue Dimensionen verleihen. Doch sie kam nie wieder in das College – das Durchhalte-Syndrom hatte wieder ein Opfer gefunden.

Ich habe Menschen gesehen, die in qualvollen Beziehungen ausharrten, weil sie soviel Zeit in diese Beziehung investiert hatten. Ich habe Studenten kennengelernt, die ihr Elend verlängerten, indem sie sich für das vierjährige Collegestudium einschrieben, nachdem sie schon in dem zweijährigen unglücklich waren. Ich erinnere mich noch lebhaft an ein Gespräch, das ich mit einer meiner Studentinnen führte:

JB: „Wenn du so unzufrieden bist, warum machst du dann weiter?“

J: „Ich möchte nicht, daß die letzten beiden Jahre umsonst waren.“

Selbst auf College-Niveau ist die Vorstellung, durchhalten zu müssen, tief verwurzelt.

Das Durchhalte-Syndrom blockiert häufig unsere Sicht auf neue Möglichkeiten. Joan hätte ein Jahr lang arbeiten können, nachdem man ihr nachträglich den Abschluß anerkannt hatte. Sie hätte andere Hauptfächer ausprobieren können oder andere Tätigkeitsfelder im Bereich ihrer Hauptfächer. Sie hätte ihren flexiblen Eltern sagen können, was sie wirklich vom College hielt, und sie hätten ihr helfen können, Alternativen im Bereich der akademischen Ausbildung zu finden.

Ich versuchte noch einmal, Joan dazu zu überreden, etwas anderes auszuprobieren:

JB: „Joan, warum willst du mit einer Sache weitermachen, die du leidenschaftlich haßt?"
J: „Ich will jemand sein."
JB: „Möchtest du jemand sein, der glücklich ist?"
J: „Ich weiß nicht, was Sie meinen."

Soweit dazu.

Die mutigste Frage, die Sie sich selbst stellen können, ist wohl: „Bleibe ich in meiner Situation vor allem deshalb, weil ich soviel Zeit und einen Großteil meiner Ausbildung dafür investiert habe?"

Vielleicht sehen Sie, wie Freunde in einer Beziehung verharren, die Sie für schlecht halten, nur weil sie soviel Zeit in sie investiert haben. Oder Sie haben Freunde, die sich eine Menge Fachwissen in einem bestimmten Bereich erworben haben oder soviel Zeit in ihren Job investiert haben, daß es ihnen schwerfällt, über einen Neuanfang nachzudenken, selbst, wenn ihr derzeitiger Arbeitsplatz keineswegs befriedigend ist?

Konzentrieren Sie sich jetzt einmal nicht auf Ihre Freunde. Überlegen Sie, ob Sie selbst nicht in dieser Falle sitzen. Es spielt keine Rolle, wieviel Zeit oder Ausbildung Sie investiert haben. Es kann niemals ein vernünftiger Grund dafür sein, daß Sie in einem Umfeld bleiben, in dem Sie nicht mehr glücklich sind.

Grund Nr. 6: Aufzugeben würde bedeuten, daß ich versagt habe

Betrachten Sie diese Aussage doch einmal von der anderen Seite. Würden Sie glauben, daß sie versagt haben, wenn Sie durchhalten?

Wir sind darauf konditioniert, andersherum zu denken. Wer ist erfolgreicher – die Person, die unglücklich ist, aber nicht groß auffällt, oder die Person, die nach einem erfüllten Leben strebt und danach sucht, bis sie es gefunden hat?

Das ist die wohl größte Tragödie des Durchhalte-Syndroms. Im Fernsehen und in Büchern leiden die Menschen mit denjenigen, die ungewöhnliche Wege gehen. Sie finden es toll, wenn der Gemeindepfarrer sagt, daß er keine Lust mehr hat und die Kirche verläßt. Sie fühlen sich gut, wenn der Manager mit den Magengeschwüren mutig verkündet, daß er die Nase voll hat und zu schwülstiger Hintergrundmusik im Sonnenuntergang verschwindet. Es schnürt ihnen die Kehle zu, wenn die unterdrückte Hausfrau vor ihrem treulosen Ehemann steht und lautstark erklärt, daß es aus und vorbei ist. Alles das ist schön und gut – solange es sich nicht um Ihren Gemeindepfarrer, Ihren Vater oder Ihre Ehefrau handelt.

Viele glauben, daß mit der Kündigung eines unbefriedigenden Arbeitsplatzes, mit dem Ende einer unglücklichen Partnerschaft oder Ehe ein Versagen manifestiert wird. Dieser Glaube funktioniert, weil wir ihn zulassen.

Theresa war seit fast zwei Jahren mit einem jungen Mann verlobt, den ihre Familie sehr mochte. Seit sechs Monaten wollte Theresa die Verlobung auflösen, doch ihre Mutter war anderer Meinung:

Theresa, dein ganzes Leben lang hast du Sachen gemacht, die dazu führten, daß dein Vater und ich manchmal das Gefühl hatten, du seist eine Versagerin. Wir glauben nicht, daß du tatsächlich eine Versagerin bist, doch wenn du vor dieser Verpflichtung davonläufst, werden andere diesen Eindruck haben. Du bist fast aus dem College geflogen, und du bist erst seit sechs Monaten in der jetzigen Firma angestellt. Ruiniere dein Leben um Gottes Willen nicht dadurch, daß du diese Ehe nicht durchziehst. Ich liebe dich über alles und ich möchte, daß du etwas aus deinem Leben machst.

(All diejenigen von Ihnen, die eine gewisse Feindseligkeit gegenüber Mami aufkommen spüren, mögen sich bitte hinter mir anstellen.)

Leider erkannte Theresa das Durchhalte-Syndrom nicht. Sie hätte sonst gemerkt, wie es ihre eigene Denkweise beeinträchtigte und schließlich dazu führte, daß sie eine unglückliche Ehe akzeptierte. Jeder Versuch, mit ihrer Muter über das zu sprechen, was sie empfand, hätte nur die alte Leier vom Durchhalten ausgelöst.

Vielleicht finden Sie mehr Vergnügen daran, sich vorzustellen, wie Sie sich Theresas Mutter einmal vorknöpfen würden. Doch es wäre sehr viel produktiver, wenn Sie die Möglichkeit in Erwägung ziehen würden, daß Sie selbst in der „Aufzugeben heißt, daß ich ein Versager bin"-Falle sitzen.

Worte sind meistens gar nicht notwendig. Oftmals handelt es sich um ein Gefühl, das jeden inneren Dialog verhindert. Doch wenn Sie – vielleicht nur in ganz geringem Ausmaß – durch diese Einstellung beeinflußt werden, dann ist der innere Dialog und ein wenig beherzte Selbsterforschung genau das, was Sie brauchen.

Die Frage, die Sie sich selbst stellen sollten, lautet: Ist es möglich, daß ich vor allem deshalb in einem kontraproduktiven Umfeld verharre, weil ich sonst glaube, versagt zu haben?

Dann sollten Sie sich noch eine Frage stellen: Ist es möglich, daß ich ein ungleich größerer Gewinner wäre, wenn ich aus diesem kontraproduktiven Umfeld ausbräche?

Grund Nr. 7: Ich fürchte, daß alles andere noch schlimmer sein könnte

Die Angst vor Veränderungen ist eine starke Macht, die Menschen in negativen Verhältnissen festhält. Zu viele sind bereit, Depressionen und einen Mangel an Wohlergehen hinzunehmen, weil sie Angst haben, etwas Neues zu beginnen.

Einem guten Freund von mir bot man einen Verwaltungsjob in einer Schule auf Hawaii an. Als er mir davon erzählte, führte Ken einen Grund nach dem anderen dafür an, den Job nicht anzunehmen. Er wollte, daß ich seiner Argumentation folgte. (Er wußte, daß er mit einem Freund sprach, der ein Buch über das Aufhören schrieb.)

Er führte an, daß die höheren Lebenshaltungskosten auf Hawaii das höhere Gehalt gleich wieder verschlingen würden. Er bezweifelte, daß er für einen solch verantwortungsvollen Posten fähig war – trotz der Tatsache, daß er seit drei Jahren in seinem alten Job um mehr Verantwortung bat. Er meinte, daß er möglicherweise von der Hitze krank werden würde. Schließlich sagte ich Ken direkt ins Gesicht, daß er sich vor der Veränderung fürchtete.

Ken ging nie nach Hawaii. Aber sein Leben erfuhr eine einschneidende Veränderung. Ein Jahr später erfuhr er, daß er ein Magengeschwür hatte. Das veränderte seine Eßgewohnheiten, seine Einstellung und sein Leben erheblich. Ich bin ihm dankbar für die Erlaubnis, seine Geschichte für dieses Buch zu verwenden. Er vermutet, daß er diesen Tumor hätte verhindern können, wenn er seinem Herzen und nicht seiner Angst gefolgt wäre.

In Beziehungen und Ehen hält die Angst vor der Veränderung Menschen zusammen, die sich längst hätten trennen sollen. Es gibt kaum etwas Schöneres als eine liebevolle, befriedigende und erfüllte Beziehung. Es gibt aber auch nur wenige Dinge, die schlimmer sind als eine Beziehung, der diese Eigenschaften fehlen.

Natürlich beenden Menschen Partnerschaften manchmal voreilig. Vielen gelingt es nicht, ihre Beziehung in allen Einzelheiten zu erforschen. Später bereuen sie ihr vorschnelles Aufgeben.

Das traurigste Beispiel für das Durchhalte-Syndrom sind die Fälle, bei denen Menschen in einer unerträglichen Partnerschaft zusammenbleiben, weil sie Angst davor haben, alleine zu sein. Sie sind darauf konditioniert zu glauben, daß es keine Rolle spielt, wie schlecht ihre Beziehung ist. Ein Leben ohne diese Beziehung muß ihrer Meinung nach noch schlechter sein.

Das ist nur selten der Fall.

Jene, die im Leben einschneidende Veränderungen riskiert haben, erkennen – *wenn sie diese Veränderung erst vorgenommen haben* –, daß es fast nichts gab, vor dem man hätte Angst haben müssen. Die Angst vor einer Veränderung ist irrational – ähnlich wie die Angst davor, vom Rand der Welt herunterzufallen. Doch für „mehr vom selben" geben viele die Chance, mehr zu bekommen, auf. Auf diese Weise bleiben viele tote Beziehungen tot. Einige würden sogar einen großen Teil ihres Wohlbefindens für die Garantie opfern, daß alles beim alten bleibt.

Grund Nr. 8: Was werden die anderen sagen?

Vielen Menschen fällt es schwer zuzugeben, daß sie davor Angst haben, was die anderen sagen könnten.

Im Laufe unseres Lebens und unserer Erziehung sind wir geprägt worden, die Anerkennung durch andere zu suchen. Wenn diese Konditionierung bei Ihnen gut funktioniert hat, dann fühlen Sie sich viel besser, wenn jemand lobt, was Sie tun. Dagegen fühlen Sie sich schlecht, wenn man Ihnen diese Anerkennung vorenthält. Überlegen Sie einmal, was passiert wäre, wenn die Menschen in den folgenden Beispielen die Anerkennung anderer für ihr Selbstwertgefühl gebraucht hätten:

Kommen Sie, Herr Bach. Was höre ich da über Ihre Idee, Kantaten und Konzerte zu komponieren? Sie sind Organist – einer der besten in Deutschland. Was sollen die Menschen denken, wenn Sie davon reden, mit dem Orgelspielen aufzuhören?

Thomas, Du mußt der Realität ins Auge sehen. Wie oft hast du diese verrückte Idee mit dem elektrischen Licht jetzt schon ausprobiert? Sicher mehr als tausend Mal. Die Leute fangen an, über dich zu reden.

Ach, Kopernikus, mit wie vielen Fachleuten müssen wir denn noch aufwarten, um Sie von dieser verrückten Idee abzubringen. Die Sonne dreht sich um die Erde. Wie kann ein Mann Ihrer Intelligenz glauben, die Erde drehte sich um die Sonne?

L.S. Barksdale, Gründer der sogenannten Barksdale-Programme für mehr Selbstwertgefühl, behauptet, daß man niemals ein perfektes Selbstwertgefühl haben wird, solange man sich darum sorgt, was andere von einem denken. Das bedeutet nicht, daß man die Meinung anderer nicht respektiert. Das bedeutet nicht, daß man sich weigert, zuzuhören, was sie zu sagen haben. Aber es bedeutet, daß man selbst der einzige Experte ist, wenn eine Entscheidung ansteht.

Grund Nr. 9: Ich werde hier gebraucht

Loyalität ist die Charaktereigenschaft guter Pfadfinder. Unsere Gesellschaft lehrt und belohnt Loyalität, wann immer die Welle des Patriotismus aufsteigt. Schulen erwarten von ihren Schülern Loyalität, selbst wenn genau diese Schulen nicht bereit sind, ebenfalls Loyalität zurückzugeben. Das gleiche gilt für einen Großteil der Arbeitsplätze. Und auch Menschen in Partnerschaften und Ehen erwarten von ihren Partnern Loyalität.

Loyalität ist ein wundervoller Charakterzug, den die meisten von uns bei uns selbst und bei anderen bewundern. Und weil sie eine so positive Eigenschaft ist, kann sie Menschen dazu bringen, in schädlichen Verhältnissen zu verharren.

In diesen Situationen ist es nicht die Loyalität, die schmerzt, sondern eine Fehlinterpretation der Loyalität, eine einseitige Loyalität. Ein untreuer Ehemann erwartet von seiner Frau, daß sie ihrer Ehe gegenüber loyal bleibt, auch wenn er die Verpflichtung zur Treue bricht. Ein Vorgesetzter erwartet möglicherweise Loyalität; gleichzeitig ist er nicht bereit, sich seinen Untergebenen gegenüber loyal zu verhalten. Eine Firmenleitung erwartet von ihren Arbeitern Loyalität, fühlt sich aber gleichzeitig befugt, Arbeiter zu versetzen oder zu entlassen.

Einem Freund von mir, der Pfarrer war, erzählte man 18 Jahre lang, daß man von ihm als Methodistenpfarrer Loyalität erwartete. Und Orin war loyal. Doch als er zu Unrecht beschuldigt wurde, ein Kind mißbraucht zu haben, ließ sein Bischof Orin fallen wie eine heiße Kartoffel. Er wurde fristlos entlassen und aus der Kirche ausgeschlossen.

Als er nach der Gerichtsverhandlung für unschuldig erklärt wurde, sagte der Bischof ihm, er könne sich bei einer anderen Kirche bewerben. Orin konnte sich nicht verkneifen, seinem Bischof folgendes zu sagen: „Wo war Ihre Loyalität? Wo waren Sie – meine Vorgesetzten und Vorbilder – als ich Sie am dringendsten brauchte?"

Orin verließ die Methodistengemeinde und begann eine Karriere als Dozent.

Eine solch einseitige Loyalität wird von einem selbst erwartet, doch man bekommt sie nicht zurück. Man bekommt als Gegenleistung nichts anderes als das Privileg, bleiben zu dürfen. Ein Angestellter, der Magengeschwüre davon bekommt, daß er zu hart für seine Firma arbeitet, soll an den Arbeitsplatz zurückkehren, um wieder krank zu werden – Hauptsache, er bleibt loyal. Eine Frau, die von ihrem Partner geschlagen wurde, soll zurückkommen, um sich noch mehr Schläge abzuholen; doch wenn sie nicht loyal ist, verliert sie dieses „Privileg" möglicherweise.

Wenn sich das absurd anhört, dann sollten Sie sich darüber im klaren sein, daß viele, die dieses Buch lesen, gerade in diesem Moment den stechenden Schmerz der Erkenntnis verspüren. Es wird ihnen bewußt, daß der Lohn für ihre Loyalität *mehr von dem ist, was sie nicht wollen.* Eine solche Loyalität kommt nicht von innen, sondern ist eine Folge von Manipulation, das Ergebnis dessen, was ein anderer will. Wenn Sie „loyal" sind, verlassen Sie die Stadt, die Sie lieben, und gehen dahin, wohin Ihre Firma Sie schickt. Wenn Sie „loyal" sind, bleiben Sie in einer Partnerschaft oder Ehe, die Sie Ihrer gesamten Kraft beraubt. Wenn Sie „loyal" sind, akzeptieren Sie, daß man Sie weiter mißbraucht, weil andere „loyale" Menschen das auch akzeptieren.

Fragen Sie sich bei der Analyse Ihrer gesellschaftlichen Situation, ob Ihre Loyalität geschätzt oder erwartet wird. Wenn sie einfach erwartet wird, dann ist es gut möglich, daß es sich um falsche Loyalität handelt, die eher der Manipulation als der Motivation dient.

Fragen Sie sich, ob die Loyalität, die man von Ihnen erwartet, von der Person oder Organisation zurückgegeben wird, die sie von Ihnen erwartet. Wenn Sie die Loyalität nicht in dem Umfang zurückbekommen, in dem sie erwartet wird, befinden Sie sich in einem Ungleichgewicht.

Fragen Sie sich, ob der Loyalitätsanspruch auf einer fest verankerten Tradition beruht oder auf realistischen Erwartungen. Wenn diese Erwartung im Rahmen eines positiven Umfelds an Sie herangetragen wird, bedeutet das wahrscheinlich, daß die Loyalität in beide Richtungen funktioniert.

(Die Mitarbeiter von Delta Airlines müssen sehr loyal gewesen sein, als sie aus eigenem Antrieb für ihre Firma ein Flugzeug gekauft haben. Ich habe mit vielen Delta-Mitarbeitern gesprochen, die mir alle versicherten, daß es ihre eigene Idee gewesen ist und daß sie sich sehr schnell und ohne lange zu zögern dazu entschlossen haben. Allen Befragten machte es Spaß, bei Delta zu arbeiten. Ihre Loyalität war also eine positive Reaktion auf ein positives Umfeld.)

Fragen Sie sich, ob Ihre momentane Loyalität früher einmal gut und natürlich gewesen ist. Vielleicht gab es einmal eine Zeit, wo Sie auf ein fürsorgliches Management oder einen sensiblen Partner mit Loyalität reagierten. Doch die Umstände können sich ändern. Gegebenheiten, die zur Loyalität geführt haben, existieren vielleicht nicht mehr. Manchmal verändert sich eine Situation so langsam, daß einem nicht bewußt wird, was passiert. Deshalb ist es so wichtig, bestimmte Situationen und die damit verbundenen Gefühle genau zu analysieren.

Grund Nr. 10:
Ich möchte nicht eigennützig sein

Das Wort „egoistisch“ ist viel emotionsgeladener, als die meisten von uns glauben; somit ist es ein hervorragendes Werkzeug, jemanden zu manipulieren. Doch „egoistisch“ erlangt seine Wirkung durch Ignoranz und nicht durch Verständnis.

Was genau bedeutet denn Egoismus? Wenn wir einmal von dem Wortstamm ausgehen, „sich selbst zu nützen“, sind wir alle eigennützig. Doch die gemeinhin akzeptierte Bedeutung impliziert Egotismus: so sehr mit seinen eigenen Bedürfnissen beschäftigt zu sein, daß andere davon ausgeschlossen sind. Der Vater, der seine Frau und seine Kinder verläßt und vorher noch sein Bankkonto abräumt, ist eigennützig. Nur wenige würden da nicht zustimmen.

Doch was ist mit dem Vater, der die Nase von einem Job voll hat, der ihm nichts mehr geben kann? Ist er eigennützig, weil er nach etwas Besserem sucht? Jene, die gern voreilige Urteile fällen, interessieren sich herzlich wenig für die Umstände. Wenn dieser Vater seiner Familie bis dato ein sicheres und komfortables Zuhause geboten hat, könnte seine Suche nach neuen Möglichkeiten als egoistisch bezeichnet werden. Doch wenn er gerade einen Herzinfarkt hinter sich hat und der Arzt ihm rät, sich einen anderen Arbeitsplatz zu suchen, würde ihn niemand als eigennützig bezeichnen. Ein persönlicher Schicksalsschlag rechtfertigt seinen Schritt.

Beachten Sie den Wortlaut: „persönlicher Schicksalsschlag“. Wir leben in einer Gesellschaft, in der das Elend einer unglücklichen Beziehung oder unbefriedigenden Arbeit oder der Mangel an beruflicher Erfüllung noch immer keine „persönliche Tragödie“ darstellt.

Die Vergeudung von Talenten macht das Leben in einer solchen Gesellschaft zu einer potentiellen Tragödie –

eine Tragödie, die dadurch entsteht, daß man denjenigen, die es wagen, sich aus solchen Umständen lösen zu wollen, das Etikett „egoistisch" aufdrückt.

Genau das ist Egoismus nämlich – ein Etikett. Etiketten haben nur selten etwas mit der Realität zu tun. Und doch blockieren sie die Kommunikation gerade dann, wenn sie am dringendsten erforderlich ist.

Richard war leitender Mitarbeiter in einer der erfolgreichsten Firmen Amerikas. Seine Beschreibung seines Arbeitsplatzes – unbefriedigend und erdrückend – war wahrscheinlich eine Untertreibung. Seine Vorgesetzten stellten zwölf Stunden am Tag, sechs Tage die Woche hohe Erwartungen an ihn. Seine Untergebenen beschwerten sich öfter, als daß sie mit ihm kooperierten. Seit zwei Jahren versuchte er seine Frau davon zu überzeugen, daß es gut für ihn wäre, den Arbeitsplatz zu wechseln:

R: „Jedesmal, wenn ich von dem Thema anfange, hält sich Mary die Ohren zu und weigert sich, mir zuzuhören. Ich weiß nicht, wie oft sie schon gesagt hat, daß mein Wunsch nach Veränderung egoistisch ist."

JB: „Was möchten Sie denn wirklich machen?"

R: „Ich würde am liebsten ein Produkt finden, hinter dem ich wirklich stehe, und das verkaufen. Nach einiger Zeit würde ich sogar mehr Geld verdienen, aber die Übergangsphase wäre hart. Ich kann von Mary und den Kindern nicht verlangen, das durchzumachen."

JB: „Was durchzumachen?"

R: „Den niedrigeren Lebensstandard."

JB: „Sind Sie der einzige in der Familie, der Geld verdient?"

R: „Ja."

JB: „Nur Sie alleine können bestimmen, wie Sie dieses Geld verdienen."

R: „Nein, Sie verstehen mich nicht. Überlegen Sie doch einmal, was ich meiner Familie damit antun würde."

JB: „Sehen Sie doch, was Sie sich selbst damit antun."

R: „Aber es wäre egoistisch, würde ich von ihnen verlangen, dieses Opfer zu bringen."

Dieses Gespräch zeigt, wie man uns mit Hilfe von Etiketten manipuliert, die wir hassen, weil wir wissen, daß sie falsch sind. Richard hatte nicht das Gefühl, daß seine Frau eigennützig war, weil sie ihren hohen Lebensstandard beibehalten wollte. (Und das war sie auch nicht.) Aber er fand sich selbst eigennützig, weil er sich eine befriedigendere Arbeit suchen wollte.

Susan war zwölf Jahre lang Nonne in einem Kloster gewesen. Als sie es verlassen wollte, empfand sie sich als Egoistin. Sie wollte Gott dienen, doch sie wollte es in der Geschäftswelt tun. Sie überwand nie das Gefühl, Gott im Stich gelassen zu haben und eigennützig gehandelt zu haben, weil sie das Kloster verlassen hatte.

Harry haßte die mächtige Firma, in der er arbeitete. Er mochte weder die Menschen noch den Arbeitsablauf. Doch sein Vater hatte diese Firma gegründet und gehofft, daß Harry sie übernehmen würde. Sein Bedürfnis, etwas anderes auszuprobieren, erschien ihm egoistisch.

Milly ist Vorsitzende der Frauengruppe einer großen Baptistengemeinde und seit mehr als zwanzig Jahren Mitglied in dieser Kirchengemeinde. Jetzt hat diese Gemeinde jedoch einen Pastor, der schon die meisten ihrer Freunde vertrieben hat. Lediglich die ganz extremen Mitglieder, die nur noch von „Hölle und Verdammung" sprechen, sind geblieben. Milly kommt zu dem Schluß, daß sie nicht länger etwas mit dem Klatsch und Tratsch, der jetzt wichtiger Bestandteil der Treffen geworden ist, zu tun haben möchte. Milly möchte sehr gerne ihr Büro und diese Kirchengemeinde verlassen; doch sie hat das Gefühl, egoistisch zu sein, wenn sie gehen würde.

In einigen sehr einseitig geschriebenen Büchern wird die Suche nach dem Ego überbewertet. Und nur wenige Autoren schaffen Klarheit, daß man erst dann in der Lage ist, die Bedürfnisse anderer zu befriedigen, wenn man sich selbst gesucht und gefunden hat. Als unglücklicher Mann entspricht Richard nicht gerade dem Bild eines ausgeglichenen und liebevollen Vaters. Susan wird Gott nicht mit vollem Einsatz dienen, wenn sie in ihrem Kloster unglücklich ist und trotzdem dort bleibt. Harry wird keinen Nutzen daraus ziehen, in der Firma seines Vaters zu arbeiten, wenn ihm das Umfeld dort nicht gefällt. Milly tut niemandem einen Gefallen damit, Vorsitzende einer Gruppe zu bleiben, deren Mitglieder ihr nichts mehr bedeuten.

Grund Nr. 11: Meine Bedürfnisse sind nicht wichtig

Viele Menschen glauben, daß ihr Selbstwertgefühl steigt, wenn sie ein Opfer für jemand anderen bringen. Das gilt zwar nicht für die Mehrzahl der Menschen, doch es sind immer noch genügend, die als Beispiel für diese Mentalität dienen können.

Ich weiß, daß ich vielen Menschen dadurch Unrecht tue, daß ich zu behaupten wage, daß Aufopferung nur selten sinnvoll ist. Ich behaupte sogar, daß bei einem „Opfergang" am Ende alle Beteiligten verlieren werden. Wie kann jemand anderes gewinnen, wenn Sie dafür etwas aufgeben? Ich gebe zu, daß viele Menschen das tun und sich gut dabei fühlen. Doch das ist keinesfalls ein Beleg dafür, daß Aufopferung wirklich nützt.

Eine Reihe von Untersuchungen haben gezeigt, daß Studenten, die von ihren Eltern wenig oder keine finanzielle Unterstützung bekommen, am College erfolgreicher sind. Jene, denen alles bezahlt wird, profitieren am wenigsten davon. Doch noch immer glauben Eltern, daß es ihre Pflicht ist, ihren Kindern eine höhere Ausbildung zu finanzieren. Es gibt viele gute Gründe dafür, Geld in die Ausbildung der Kinder zu investieren, darum geht es hier auch nicht. Was ich deutlich machen möchte, ist eine sehr schlimme – und weitverbreitete – Situation: Eltern ertragen ihre frustrierenden Jobs, um das nötige Geld für die Ausbildung der Kinder zur Verfügung zu haben.

Ich erinnere mich an eine Mutter und ihre Tochter, die einen meiner College-Kurse besuchte. Die Mutter hielt ihren Mann für sehr nobel, weil er seine Entscheidung, sich einen anderen Job zu suchen, bis Carolyns College-Abschluß hinausschob. Während einer Konferenz fragte ich die Tochter einmal:

JB: „Wie würdest du es finden, wenn dein Vater seinen Job aufgeben und sich etwas Besseres suchen würde?"

C: „Ich wäre erleichtert. Vati merkt gar nicht, wie unglücklich er ist. Aber Mami und ich wissen es. Ich wollte ihm schon so oft sagen, daß ich auch mit weniger Unterstützung zurechtkomme, aber ich weiß einfach nicht, wie ich das Thema angehen soll."

JB: „Du hättest also nicht das Gefühl, daß er sich aus der Verantwortung stehlen würde?"

C: „Ich hätte es viel lieber, daß er wieder so glücklich wird wie früher, als er noch jünger war."

Carolyn hatte Schuldgefühle, weil ihr Vater auf etwas verzichtete. Sie war nicht gefragt worden. *Aus ihrer Sicht gewann niemand etwas dabei.* Schließlich drängte ich ihre Mutter dazu, ihrem Mann zu erklären, daß die Welt nicht zusammenbricht, wenn er seine „noble" Opferbereitschaft einschränken würde.

Die edle Geste der Aufopferung wird gern überbewertet, weil vernünftige Alternativen nicht berücksichtigt werden. Darauf getrimmt, daß Opferbereitschaft moralisch wertvoll ist, vergessen wir manchmal, darüber nachzudenken, welche Folgen diese Opferbereitschaft für andere hat. Wie fühlt sich die andere Person? Könnte es sein, daß sich der andere durch das „Opfer" schuldig fühlt? Wird durch das „Opfer" jeder fair behandelt? Ist es aufrichtig?

Ein Mensch, der in einer unglücklichen Partnerschaft oder Ehe verharrt, weil er sich um den anderen Sorgen macht, mag vielleicht nobel erscheinen – das Potential für eine noch größere Katastrophe ist damit aber nicht aus dem Weg geräumt.

Eine Mutter erhält „zum Wohl der Kinder" eine Ehe aufrecht, Untersuchungen haben allerdings gezeigt, daß ein solches Verhalten für alle Beteiligten nicht nur unökonomisch, sondern u.U. schädlich ist. Eltern, die für ihre Kinder derartige Opfer bringen – auch für kleine Kinder – üben dadurch Druck auf diese Kinder aus. Und das geschieht in einem Lebensabschnitt, in dem sie diesen Druck nur schwer aushalten können. Viele Sozialarbeiter glauben, daß die Kinder mental und emotional besser dran sind, wenn z.B. nach einer Scheidung beide Elternteile wieder glücklicher sind.

In Partnerschaften und Ehen wird Opferbereitschaft häufig zum Schlachtruf. Die Vorstellung, daß eine Beziehung nur funktioniert, wenn Opfer gebracht werden, beruht mehr auf der Erziehung als auf Logik und wirkt möglicherweise kontraproduktiv. Wenn das Wort Opferbereitschaft durch *Verpflichtung und Engagement* ersetzt würde, stünden Beziehungen auf einer gesünderen Basis.

Kapitel 9: „Ein Gewinner gibt niemals auf" – und andere Mythen

Der Mensch liebt Mythen. Seit Beginn der Geschichtsschreibung wurden Mythen dazu benutzt, Dinge zu erklären, die man nicht verstand. Verschiedene Kulturen haben komplizierte Mythologien entwickelt, um ihre Mitglieder zu sozialisieren. Religionen haben Mythen dazu benutzt, ihr Glaubenssystem zu untermauern. In der sozialen Gesellschaft dienen Mythen dazu, Patriotismus, Loyalität, harte Arbeit – und das Durchhalten zu rechtfertigen.

Wenn Sie Ihre eigene Situation näher analysieren, werden Sie die Pauschalansagen erkennen, die Ihr Durchhalten beeinflussen. Freunde und Familienmitglieder werden Ihnen Ratschläge erteilen. Die meisten davon sind gut gemeint. Das Problem ist, daß diese Ratschläge auf Pauschalvorstellungen und nicht auf der Realität basieren.

Ob Ihre Angehörigen und Freunde nun für das Aufgeben oder für das Durchhalten sind – sie werden Ihnen ihre eigene Wahrheit sagen. Selbst wenn sie für diese Menschen gilt, heißt das nicht, daß sie auch für Sie gelten muß.

Im folgenden haben wir diejenigen Pauschalurteile aufgelistet, die unserer Meinung nach am wenigsten stimmen und am destruktivsten wirken können. Gut vorgewarnt ist gut gewappnet. Sie sollten diese Aussagen in Ihre Selbstanalyse mit einbeziehen.

Noch ein abschließendes Wort zum Thema Mythen: Die meisten haben ihren Ursprung in einer irgendwie gearbeiteten Wahrheit. Für Ihre ganz persönlichen Umstände können sie Gültigkeit haben. Ich will also auf keinen Fall sagen, daß Mythen Lügen sind. Seien Sie aber mutig genug zu akzeptieren, daß die Wahrheit eines anderen für Sie möglicherweise zur Unwahrheit wird. Allgemeine Wahrheiten gelten für Sie nur, solange sie Ihre eigenen Erfahrungen bestätigen.

Ansage Nr. 1: Ein Gewinner gibt nicht auf – wer aufgibt, wird niemals gewinnen

Dies ist wohl eines der am häufigsten gebrauchten Sprichwörter. Es ist auch eines der dümmsten. Es kann eine Person leicht manipulieren und wird normalerweise von jemandem gebraucht, dem keine vernünftigen Gründe mehr einfallen, mit denen er den anderen motivieren kann.

Gewinner geben manchmal auf. Aufzugeben hat schon manchem geholfen, ein großer Gewinner zu werden.

In den Biographien berühmter Menschen können Sie nachlesen, daß viele von ihnen irgendwann in einer Sackgasse angelangt waren und den Mut hatten, woanders weiterzumachen. Einige erkannten, daß sie zu weit auf einem unproduktiven Weg gegangen waren und von vorne beginnen mußten. Manche lernten aus einer bestimmten Erfahrung und erkannten die Notwendigkeit, sich in eine andere Richtung zu bewegen. Sie wurden nicht dadurch zu Gewinnern, daß sie sich weigerten aufzugeben. Sie wurden dadurch zu Gewinnern, daß sie wußten, *wann sie aufgeben mußten.*

Dann ist da noch der zweite Teil dieser Pauschalansage: Wer aufgibt, wird niemals gewinnen. Da dieser Spruch oft von Sportfachleuten benutzt wird, sollen einige Beispiele aus dem Sport die Sache verdeutlichen.

Beim Baseball sagen viele Trainer hinter vorgehaltener Hand, daß sie zehn Spiele pro Jahr mehr gewinnen könnten, wenn die Pitcher, also diejenigen, die die Punkte erzielen, bereit wären, zu erkennen und zuzugeben, wann sie nicht mehr in Top-Form sind. Doch das würde ja bedeuten aufzugeben, wie schrecklich! Also ist der Trainer gezwungen, Gedanken zu lesen.

Viele Fußballspieler, die sich zur Ruhe gesetzt haben, räumen heute ein, daß sie ein oder zwei Jahre zu lange gespielt haben. Einige blieben sogar lange genug, um sich ernsthafte gesundheitliche Schäden zuzuziehen. Doch es gab gutes Geld dafür, und wer kann schon dem Beifall des Publikums widerstehen? Ein Spieler faßte diese Tatsache einmal sehr schön zusammen: „Ich wünschte, ich hätte aufgehört, als ich noch Gewinner war."

In Partnerschaft und Ehe kann das Aufgeben ein Zeichen dafür sein, daß keine Hoffnung mehr besteht. Wer weiß das besser als die beiden Betroffenen? Wenn die Partner es mit einer Trennung auf Probe versuchen, bevor der Schaden zu groß ist, kann die Ehe gerettet werden. Dieser Prozeß der vorübergehenden Trennung gibt Zeit zum Nachdenken und zur Selbsterforschung.

Am Arbeitsplatz haben Mitarbeiter das Recht, ihre Ausbildung und ihre Talente zu nutzen. Wenn sie unzufrieden sind und ihre Fähigkeiten nicht nutzen können, ist der Spruch „Wer aufgibt, wird niemals gewinnen" eine Lüge. Jeder Mensch hat sich selbst und denjenigen gegenüber, die ihm nahestehen, die Verpflichtung, sich eine befriedigendere Aufgabe zu suchen. In diesem Fall ist das Aufgeben ein Heilmittel und nicht etwas, das man verabscheuen sollte.

Ansage Nr. 2: Das wirst du für den Rest deines Lebens bereuen!

Ich hätte keine Veranlassung gesehen, diese lächerliche Aussage in mein Buch aufzunehmen, wenn ich nicht immer wieder auf sie stoßen würde. Eine derartige Aussage beschwört eine „bevorstehende Katastrophe“ hervor. Sie impliziert, daß die Entscheidung zu gehen, gerade wenn sie voreilig getroffen wurde oder sich später als Fehler erweist, auf keinen Fall zum Vorteil gedeihen kann.

Dieser Satz war früher der Standardratschlag für Menschen, die sich scheiden lassen wollten. Inzwischen ist unsere Gesellschaft ein wenig aufgeklärter. Früher sagte man diesen Satz auch zu jungen Menschen, die sich dazu entschlossen hatten, nicht auf das College zu gehen. Inzwischen belegen Statistiken, daß jene ohne College-Abschluß fast genauso gut zurechtkamen – zumindest finanziell – wie diejenigen mit Abschluß.

Wohlmeinende Freunde werden sagen: „Du machst einen großen Fehler!“, wenn Sie vorhaben, ein Umfeld zu verlassen, in welchem der Freund oder die Freundin sich wohl fühlt. Das kann der Wechsel zu einer anderen politischen Partei sein. Das kann die Entscheidung sein, von der Baptistenkirche zu den Mormonen überzuwechseln. (In diesem Fall würden einige Gläubige sogar sagen, daß dies ein Fehler ist, den Sie bis in alle Ewigkeit bereuen werden.) Das kann die Entscheidung sein, von einer kleinen privaten Hochschule zu einer großen staatlichen Universität zu wechseln.

Andere haben Entscheidungen getroffen, um zu überleben. Galileo befahl man, die Untersuchung seiner Theorie, daß sich die Erde um die Sonne dreht, abzubrechen. Man führte ihn in den Folterkammern herum und zeigte ihm die grausamsten Folterwerkzeuge, die man sich vorstellen kann. Er war alt und fürchtete sich vor den unerträglichen Schmerzen. Also entschied er sich dazu, seine Theorien zurückzunehmen. Er wägte die Kosten ab und befand sie für zu hoch. Diese Entscheidung traf er aus dem innersten Gefühl heraus, daß er, wenn sich die Gemüter beruhigt hatten, seine Theorien unter einem anderen Namen in einem anderen Land veröffentlichen könnte.

Alle Menschen, mit denen ich sprach, nachdem sie die Entscheidung getroffen hatten, eine Sache aufzugeben, bedauerten allesamt nur eines: daß sie es nicht schon eher getan hatten.

Ansage Nr. 3: Zu gehen ist egoistisch

Es *gibt* Situationen, in denen das Aufgeben tatsächlich egoistisch ist, nämlich dann, wenn die betreffende Person *nur* an sich selbst denkt und nicht daran, daß sie anderen durch ihre Entscheidung wehtun könnte.

Eine Frau, die aus egoistischen Gründen geht, sagt ihrer Familie vielleicht: „Ich habe die Nase von dieser Gegend hier voll. Ich habe entschieden, daß wir nach Arizona ziehen." Der Rest der Familie wird nicht gefragt. Es spielt keine Rolle, ob sie sich in einer Wüstengegend wohlfühlen werden. Es ist ihr egal, ob die Kinder mitten im Schuljahr die Schule verlassen müssen oder ob die neue Umgebung allen Familienmitgliedern gesundheitlich bekommen wird. Die Entscheidung wird verkündet, und von der Familie wird erwartet, daß sie ihr Folge leistet. Dies ist ein relativ gutes Beispiel für egoistisches Verhalten. Doch es ist *nicht die Tatsache, daß man gehen will, an sich*. Sondern es ist die schonungslose und gefühllose Art und Weise, wie jemand seine Familie behandelt.

Selbstwertgefühl ist nicht das gleiche wie Egoismus. Wenn eine Entscheidung durch Selbstwertgefühl motiviert ist, dann sorgt man sich auch um das Wohl aller anderen Betroffenen.

„Egoistisch“ ist für viele ein Ausdruck, der für jede Situation, in der jemand auf seine persönlichen Bedürfnisse achtet, paßt. Für jene, die nicht zwischen Selbstwertgefühl und Egoismus unterscheiden können, ist es egal, welche Anstrengungen die betroffene Person unternommen hat, um das Wohl der anderen Beteiligten zu berücksichtigen. Sie wird automatisch als egoistisch verurteilt.

Die meisten, die sich mit dem Gedanken tragen, eine bestimmte Situation aufzugeben, halten sich – aufgrund ihrer Erziehung – für egoistisch. Es gibt jedoch ein paar Wahrheiten, die uns helfen können, dieses Vorurteil zu widerlegen:

- Es ist fast unmöglich, sich dazu zu entscheiden, eine Sache aufzugeben, ohne ein wenig egoistisch zu sein. Irgend jemand ist von dieser Entscheidung immer betroffen.
- In einer Beziehung oder Ehe ist es fast unmöglich, daß beide es für gut befinden, die Beziehung zu beenden.
- Egoismus ist *immer* ein Etikett. Es ist sehr schwierig, sich darüber zu einigen, was egoistisch ist und was nicht.
- Etwas nicht zu tun aus Angst, als egoistisch abgestempelt zu werden, ist sinnlos.

Ansage Nr. 4:
Die Zeit heilt alle Wunden

Das hört sich irgendwie gut an. Doch zu oft ist gerade diese Aussage nicht die Wahrheit, sondern wird dazu benutzt, jemanden zu manipulieren und sein Handeln und Denken zu lähmen.

Wenn die Zeit alle Wunden heilt, dann kann sie sie auch tiefer werden lassen.

Lynn begann ihre Karriere als Lehrerin in San Diego. Ihre ersten sechs Wochen waren besonders hart. Zwar bot ihr niemand Hilfe bei dem großen Berg an Arbeit an, der nun vor ihr lag, doch viele gaben eine Menge guter Ratschläge. Der Tenor aller dieser Ratschläge war: „Halte durch, denn es ist für einen Lehrer im ersten Jahr immer schwer." Diese Aussage stimmt zwar, doch auf Lynns Situation bezogen ist sie eine Lüge, denn sie impliziert, daß Lynns Probleme verschwinden würden, wenn sie mehr Erfahrungen gesammelt hätte.

Lynn war einfach nicht dafür geschaffen, Lehrerin zu sein. Eigentlich mochte sie die Kinder gar nicht. Die anderen Lehrer langweilten sie mit ihren standespolitischen Debatten. Sie mochte ihre Unterrichtsfächer zwar, doch nicht genug, um sie den Schülern nahezubringen.

Lynn freute sich auf die drei Monate Sommerferien. Während dieser Zeit versicherte sie sich selbst, daß das Schlimmste vorüber war – das hatten die anderen Lehrer auch gesagt. Sie glaubte daran und begann ihr zweites Jahr. Nach sechs Wochen war sie zutiefst deprimiert. Als eine ganze Reihe ihrer Kollegen ihr sagten, daß „die Dinge eigentlich erst im dritten Jahr so richtig gut laufen", zuckte etwas in ihr zusammen. Neun Wochen nach Beginn ihres zweiten Jahres kündigte Lynn.

Für Lynn heilte die Zeit überhaupt nichts. Die Zeit verschlimmerte ihren Alptraum lediglich. Auch in einer Partnerschaft gibt es solche permanenten Alpträume. Im Innersten wissen vielleicht sogar beide Partner, daß die Beziehung nicht mehr zu kitten ist. Doch sie hängen der Hoffnung nach, daß die Zeit die Wunden heilt. Wenn die Menschen selbst ihre Beziehung nicht verbessern können, kann es die Zeit ganz sicher auch nicht.

Es gibt allerdings eine Situation, in der die Zeit alle Wunden heilt. Wenn jemand eine unglückliche Beziehung oder Ehe verläßt und danach das Gefühl hat, einen riesigen Verlust erlitten zu haben, dann heilt die Zeit fast immer alle Wunden. Dieses Verlustgefühl wird mit der Zeit weniger und das Selbstwertgefühl stärker.

Ansage Nr. 5: Sicherheit ist wichtiger als Erfüllung!

Sie werden diesen Satz nicht zu hören bekommen, bis Sie Ihre Absicht, zu gehen, verkünden.

Wir leben in einer Gesellschaft, die verrückt ist nach Sicherheit. Wer Arbeit hat, ist im Krankheitsfall gut abgesichert. In Streiks werden Arbeitsplatzgarantien gefordert, dabei spielt es keine Rolle, ob das Produkt von weniger Menschen gekauft wird. Es spielt vielleicht nicht einmal eine Rolle, ob die Produktivität drastisch zurückgegangen ist.

Vor einigen Jahren sprach ich mit dem Personalleiter einer großen Firma. Er arbeitete seit 15 Jahren in dieser Firma:

Als ich hier zu arbeiten begann, wollten die Bewerber beim Einstellungsgespräch sichergehen, daß sie ihre Fähigkeiten und ihre Ausbildung bei uns nutzen können. Sie wollten wissen, wie die Aussichten auf Beförderungen sind. Sie wollten wissen, ob man sich ihre Ideen anhören würde. Jetzt wollen sie die Sicherheit, daß man sich um sie kümmert, wenn sie in 35 Jahren in Rente gehen. Sie wollen wissen, ob die Krankenversicherung auch die Kosten für alle Medikamente übernimmt und ob beim Zahnarzt auch Goldfüllungen finanziert werden. Sie wollen sicherge-

hen, daß sie ihr volles Gehalt auch dann bekommen, wenn sie krank sind. Wir leben in einer sehr sicherheitsbedürftigen Generation.

Wenn auch Sie der Meinung sind, daß „Sicherheit über Zufriedenheit" steht, fällt es Ihnen möglicherweise schwer zu gehen, auch wenn die Situation noch so schädlich für Sie ist. Die Angst davor, nicht mehr so abgesichert zu sein, führt u.U. dazu, daß Sie bei jemandem bleiben, der Sie geistig oder sogar körperlich mißbraucht.

Je mehr Sicherheit Sie *brauchen*, desto verletzlicher machen Sie sich. Dadurch wird die Vorstellung, zu gehen, zu einer Bedrohung. Sie könnten versucht sein, mehr zu tolerieren, als gut für Sie ist. Sie werden länger ausharren, bis es noch mehr schmerzt. Statt persönliche Freiheit zu garantieren, ist die Entscheidung zu gehen für Sie eine persönliche Katastrophe. So von Sicherheitsbedürfnissen besessen zu sein kann dazu führen, daß Sie sich selbst unterdrücken.

Unzählige Klienten haben ihren Eheberatern erzählt, daß sie bei ihren Partnern, die sie mental und körperlich mißbrauchten, blieben, obwohl sie dort nicht sicher waren. Ihr Bedürfnis danach, sich sicher zu fühlen, war so groß, daß sie in Beziehungen verharrten, die ihnen nichts mehr zu bieten hatten, manchmal sogar zerstörerisch wirkten. Andere Männer und Frauen haben immer wieder intensive Anfälle von Langeweile, bleiben jedoch bei ihren Partnern, weil der Verlust der Sicherheit ihnen zuviel Angst einflößt. Diese Einstellung trübt den Blick auf etwas Besseres und verhindert die Bereitschaft, dieses Bessere zu suchen.

Der Verlust von Sicherheit kann eine gute Ausrede dafür sein, nicht zu gehen. Versuchen Sie, die Sicherheit nicht an oberste Stelle zu setzen, bevor Sie nicht andere

Aspekte erforscht haben. Dann können Sie Ihre Entscheidung mit mehr Klarheit fällen.

Alte Vorstellungen sind schwer auszurotten. Zu lange glaubten die Menschen, die Erde sei eine Scheibe. Jetzt sind wir gerne bereit einzugestehen, daß die gebogene Form des Mondes unsere Vorfahren eines Besseren belehrt haben müßte. (Natürlich ist das für eine Generation, die die Erde aus der Sicht des Weltalls gesehen hat, leichter zu verstehen!)

So ist es auch mit Mythen, die unsere gesellschaftliche Struktur beeinflussen. James Burke dramatisierte in seiner Fernsehserie „The Day the Universe Changed“ („Der Tag, an dem sich das Universum veränderte“ – Anm. d. Übers.) eine Hexeninquisition. Er behauptete, daß das, was wir heutzutage als *Mythos* erkennen, zur damaligen Zeit *Wirklichkeit* war, sowohl für die Ankläger als auch für die Angeklagten. Trotz des starken Glaubens, der damals herrschte, dienten diese Mythen niemandem.

In Gefangenenlagern während des Koreakonflikts starben dreimal so viele Amerikaner an Erfrierungen, weil sie glaubten, mit drei oder vier Mann in einem Schlafsack zu schlafen, um die Wärme zu speichern, sei „abartig“. Die südkoreanischen Gefangenen hatten eine bessere Überlebenschance, weil sie nicht an diesen Unsinn glaubten.

Um die optimale Entscheidung zu treffen – ob Sie nun gehen oder bleiben –, sollten Sie überlegen, was Ihnen und Ihren Angehörigen am dienlichsten ist, und sich nicht von Vorurteilen, Pauschalansagen und anderen Allgemeinplätzen beeinflussen lassen.

Teil 4:
Die Entscheidung

Kapitel 10: Die Botschaft einer Krise entschlüsseln

Den meisten erfolgreichen Entscheidungen geht eine Krise voraus. Aus einer Firma entlassen zu werden kann das Vorspiel zu einer Katastrophe oder einer großartigen Chance sein. Eine zerbrochene Beziehung oder eine Scheidung kann ein derartiger Schlag sein, daß die betroffene Person wochenlang völlig hilflos erscheint – manchmal sogar monatelang. Das gleiche Erlebnis kann der Auslöser für einen Sprung in eine sehr viel erfülltere Beziehung sein.

Krisen können potentielle Freunde sein und beinhalten fast immer eine „Botschaft". Diese „Botschaft" äußert sich auf verschiedene Art und Weise, doch sie hat immer denselben Tenor:

Du hast den Anschluß verpaßt – es ist Zeit, sich nach etwas Besserem umzuschauen.

Wenn man eine derartige „Botschaft" ignoriert, wird sie immer stärker und kann dazu führen, daß der Konflikt immer schlimmer wird. Da ist eine Kraft in Ihnen, die nicht loslassen will. Eine Stimme voller Leidenschaft drängt Sie dazu, vorwärts zu schreiten, das anzunehmen, was Ihr ureigenstes Ich ausmacht.

Leider versuchen viele Menschen, diese Stimme zum Schweigen zu bringen. Sie fügen sich ihrer Erziehung, die sagt: „Betäube diesen Schmerz." Sie nehmen Zuflucht in Drogen, Therapien oder der guten alten Methode, die Zähne zusammenzubeißen und es durchzustehen. Eine solch wichtige Nachricht zu betäuben erhöht das Potential für Depressionen und Spannungen.

Eine Ebene der Krise ist die direkte Reaktion auf etwas, das bereits passiert ist (der Verlust eines geliebten

Menschen oder eine finanzielle Katastrophe). Diese Krise wird normalerweise durch einen bestimmten Vorfall ausgelöst, z.B. durch einen Todesfall oder eine Kündigung. Auf dieser Ebene dreht sich die Krise um eine Entscheidung, die bereits gefällt wurde oder einen Vorfall, der bereits geschehen ist.

Eine andere Art der Krise, bei der es um eine wichtige Entscheidung für die Zukunft geht, macht Sie zum Steuermann. U.U. arbeiten Sie in einer Position, die Ihnen keine Chance zum Weiterkommen bietet. Ihnen mangelt es an Herausforderungen und Erfüllung, die Sie zum Leben brauchen. Wenn Sie so weitermachen wie bisher, besteht lediglich Aussicht auf noch mehr Langeweile und Frust. Ihre innere Stimme fordert Sie auf, etwas dagegen zu unternehmen.

In einer Partnerschaft oder Ehe rührt diese Ebene einer Krise nicht von einem schweren finanziellen Verlust oder einer schlimmen Krankheit her, sondern von einem tiefen inneren Gefühl, daß etwas in dieser Beziehung besser werden muß – viel besser.

Impression ohne Expression – Krise?

Obwohl Sie einen tollen Job haben und von Ihren Freunden geschätzt werden, sagt Ihnen vielleicht eine innere Stimme, daß jetzt die richtige Zeit wäre, sich etwas Besseres zu suchen. Eine Partnerschaft oder Ehe kann oberflächlich betrachtet völlig in Ordnung sein, doch die Vorzeichen mehren sich, daß etwas nicht stimmt. Obwohl Sie es sich rational nicht erklären können, will das Gefühl einfach nicht verschwinden.

Dieses innere Nagen spüren Sie möglicherweise viele Jahre lang. Vielleicht haben Sie sich für eine bestimmte elitäre Hochschule beworben und haben nun das Gefühl, daß es nicht das Richtige war. In den Prospekten sah alles sehr schön aus. Viele Ihrer Freunde überlegten, ob sie sich bei dieser angesehenen und besonders erfolgreichen Hochschule bewerben sollten. Doch irgend etwas in Ihnen sagte Ihnen, daß dies nicht der richtige Ort für Sie ist.

Ein anderes Mal holen Sie Rat bei jemandem zu einem Problem. Sie vertrauen dieser Person, weil sie Ihnen schon früher wertvolle Ratschläge gegeben hat. Doch diesmal sträubt sich etwas in Ihnen. Sie vertrauen zwar der Person, nicht aber dem Ratschlag.

Vielleicht waren Sie viele Jahre lang in einer bestimmten Sache wirklich erfolgreich; ein Freundeskreis, dem Sie seit langer Zeit angehören; eine Kirche, mit der Sie aufgewachsen sind; ein Projekt, in das Sie viel Zeit und Mühe investiert haben. Doch jetzt ist dieses Gefühl da – „Irgend etwas funktioniert nicht mehr“ – und es will einfach nicht mehr verschwinden.

Wenn diese innere Stimme zu Ihnen spricht, könnten Sie …

- … mit einem Pfarrer oder Pastor sprechen, der Ihnen bestätigt, daß alles in Ordnung ist.
- … eine Therapie beginnen und Ihre innere Stimme als Störung und nicht als „Botschaft“ betrachten.
- … ein Beruhigungsmedikament nehmen und mit Ihrer Situation wieder zufriedener sein.
- … sie aussperren.
- … sich dazu entschließen, ihr nicht zu glauben.

Jede der genannten Möglichkeiten drängt Sie dazu, zu ignorieren, was aus Ihrem Innersten kommt. So verstärken Sie den Glauben, daß die Stimmen, die von außen zu Ihnen durchdringen, wichtiger sind als Ihre eigenen inneren Stimmen.

Sie können aber auch …

- … einen Berater, Pfarrer oder Freund als „Klangkörper“ benutzen, um herauszufinden, was Sie wirklich fühlen.

- ... sich selbst fragen: „Mache ich *wirklich* das, was ich machen möchte?"
- ... sich selbst fragen, was Sie wirklich vom Leben erwarten, und versuchen herauszufinden, wie nahe Sie diesen Erwartungen sind.
- ... darüber nachdenken, einen Job oder eine Beziehung zu suchen, die tatsächlich Ihrer Entwicklung und Ihrer Erfahrung entspricht.

Es bedeutet ein hartes Stück Arbeit, die Stimmen, die aus Ihrem Innersten kommen, zu hören, zu interpretieren und auf sie zu reagieren. Betty fühlte sich in ihrem gutbezahlten Job als Sekretärin mit gesicherten Rentenansprüchen, Lohnfortzahlung im Krankheitsfall und einer idealen Arbeitsumgebung ganz wohl. Jeder Gedanke an eine Kündigung hätte als Neurose interpretiert werden müssen. Doch die innere Stimme, die Betty hörte, drängte sie genau dazu.

Betty begab sich sofort in eine Therapie und versuchte, den neurotischen Grund für ihre Krise zu finden. War es ihre Ehe? Waren es ihre Kinder? Ihre Kindheit? (Was hatte sie wirklich für ihre Mutter empfunden?)

Als eine gute Freundin Betty warnte, daß Therapeuten ja „leider auf dieses Leben beschränkt seien", und daß sie es mit einer Therapie versuchen sollte, die sich mit ihren vorherigen Leben befaßt, begann Betty zu akzeptieren, daß mit *ihr* vielleicht doch alles in Ordnung war!

Betty beobachtete ihre Unzufriedenheit einmal genauer. Sie verspürte sie vor allem am Arbeitsplatz. Oft kam sie voller Ideen nach Hause, wie ihr Büro effektiver arbeiten könnte, aber sie konnte sich nicht dazu überwinden, den Vorgesetzten ihre Verbesserungsvorschläge zu unterbreiten. Ein solches Verhalten fand sie für eine Sekretärin „unangemessen"; doch immerhin erkannte sie jetzt, daß diese Hemmungen die Ursache für ihre

Krise waren. Sie hatte „ihr Licht unter einen Scheffel gestellt“.

Sie vereinbarte einen Termin mit ihrem Vorgesetzten und sagte:

Ich habe das Gefühl, daß ich viel mehr Talente besitze, als ich in diesen Job einbringen kann. Jeden Tag beobachte ich Sie und Ihre Kollegen, wie Sie Dinge tun, über die Sie anscheinend nicht nachdenken. Allerdings kosten diese Dinge die Firma eine Menge Geld. Wenn Sie Ihren Stolz überwinden könnten, glaube ich, daß ich Ihnen helfen könnte.

Der Vorgesetzte ließ ein nichtssagendes „Danke für Ihr Interesse“ fallen, und nichts änderte sich. Ihre Frustration nahm zu, und Betty begann, sich anderweitig nach Arbeit umzusehen. Nach ein paar Wochen erfuhr ihr Vorgesetzter von ihrer Suche. Als er sie zur Rede stellte, schoß Betty aus allen Rohren zurück:

Vor sechs Wochen sprach ich mit Ihnen über Möglichkeiten, wie man die Effektivität dieses Büros verbessern könnte. Sie waren höflich und herablassend. Was Sie eigentlich sagen wollten, war: „Wie könnte eine einfache Sekretärin uns in diesem Bereich weiterhelfen?“ Ich habe keine Lust mehr, Aufgaben zu verrichten, bei denen meine Fähigkeiten nicht gefragt sind. Ich habe keine Lust mehr, mich nicht weiterentwickeln zu können. Ich möchte Ihnen nur eines klipp und klar sagen: „Entweder Sie nutzen meine Fähigkeiten, oder Sie werden mich verlieren.“

Man entschloß sich, ihre Fähigkeiten zu nutzen, und gab ihr mehr Verantwortung. Sie hatte ihrer inneren Stimme zugehört und die notwendigen Schritte unternommen.

Bettys Beispiel hat ebenfalls eine Botschaft: Wenn Sie eine innere Stimme hören, hören Sie zumindest genau hin. Warten Sie nicht darauf, bis eine tiefere Krise Sie dazu veranlaßt, etwas zu verändern.

Ehe- und Beziehungskrisen

Beziehungskrisen äußern sich aufgrund der hohen Erwartungen, die viele an eine Beziehung zwischen Mann und Frau stellen, anders.

In den Medien werden Konflikte meist sehr schnell gelöst – bei den meisten Fernsehserien in weniger als einer Stunde! In den Medien vermeidet man die tieferen Aspekte einer Ehe und stellt Beziehungen sehr simplifiziert dar. Durch solche Darstellungen werden unrealistische Erwartungen an eine Beziehung oder Ehe geweckt, die dazu führen, daß es in unserer Gesellschaft sehr häufig zu Krisen kommt. Einige Partner können einfach nicht zwischen der Realität der Medien und ihrer eigenen Realität unterscheiden. Wenn es zu einer echten Krise kommt, muß man versuchen, die Beziehung und die beteiligten Partner auf ein höheres Niveau zu stellen – vielleicht erübrigt sich eine Trennung.

Die Betroffenen in einer kriselnden Ehe oder Beziehung drücken ihre innersten Gefühle teilweise so aus:

- *Ich weiß nicht, ob es in dieser Beziehung noch Hoffnung gibt.*
- *Unsere Beziehung ist viel schlechter, als ich dachte.*
- *Ich habe mich lange gesträubt, und das ist kein schönes Gefühl.*

Oder die Botschaft äußert sich auf positivere Weise:

- *Wenn wir daran arbeiten, kann diese Beziehung viel besser werden.*

- *Unsere Ehe hat das Potential für eine viel größere Liebe.*
- *Ich kann in dieser Beziehung ein viel eigenständigeres Ich sein.*

Sorgfältiges und aufrichtiges Nachdenken und Abwägen kann zu einer Kommunikationsform führen, die hilft, eine Ehe oder Partnerschaft zu retten. *Auch das ist eine Art von Aufgeben.* Man gibt alte Verhaltensmuster auf, die nicht mehr funktionieren.

Krise und Beruf

Langsam scheint man in unserer Gesellschaft zu erkennen, daß die Vorstellung von „einer einzigen Laufbahn pro Leben" nicht länger gilt. Mit zunehmender Technologisierung entstehen auch neue Berufsfelder und Aufstiegsmöglichkeiten. Wenn am Arbeitsplatz mehr persönliche Freiheit und bessere Karrieremöglichkeiten geboten werden, suchen immer mehr Menschen nach der größtmöglichen Erfüllung am Arbeitsplatz. Eine neue berufliche Laufbahn nutzt Ihre Talente möglicherweise viel besser als Ihre jetzige.

Eine Krise kann uns den Weg in bessere Lebensumstände zeigen. Irgend etwas in Ihnen drin drängt Sie, mehr Erfüllung zu finden. Manchmal ist das wie ein innerer Vulkan. Wenn diese Energie blockiert wird, kann sie ernsthaften Schaden anrichten. Doch wenn diese Energie in die richtigen Bahnen gelenkt wird, kann sie Sie in ein sinnvolleres Leben führen.

Wenn Sie z.B. im Vertrieb tätig sind, empfinden Sie möglicherweise immer mehr Langeweile bei Ihren Präsentationen. Die Menschen, denen Sie etwas verkaufen möchten, sind uninteressant. Die regelmäßigen Sitzungen mit den Kollegen öden Sie an.

Wenn Sie Führungskraft in einer Firma sind, dann nimmt die Herausforderung, die Firma am Laufen zu halten, im Laufe der Zeit ab. Strategisches Planen wird mehr zur Pflichtübung als zur Herausforderung. Lange Phasen mit vielen Überstunden werden immer ärgerlicher.

Wenn Sie Hausfrau oder Hausmann sind, haben Sie vielleicht das Gefühl, daß Ihnen Ihr Zuhause zu eng wird. Sie lieben Ihre Kinder. Aber in letzter Zeit waren sie – bei Gott – anstrengend. Egal wie sensibel Ihr Partner oder Ihre Partnerin ist, diese Tätigkeit gibt Ihnen nicht genug. Früher brachten Sie Ihre Kinder ganz selbstverständlich und automatisch zum Kindergarten oder zur Schule. Heute ist es eine *lästige Pflicht*.

Die Botschaft der Krise

Krisen bieten Entwicklungsmöglichkeiten. Sie führen uns vor Augen, daß das, was früher bei uns funktionierte, nicht mehr funktioniert. Die Botschaft einer Krise kann z.B. sein: „Es gibt für dich eine viel bessere Lösung, aber du bewegst dich nicht auf sie zu." Wenn Sie zum ersten Mal die innere Stimme einer Krise hören, könnten Sie ...

- ... die Botschaft mit Medikamenten abblocken.
- ... sich in eine Therapie begeben und die Botschaft „behandeln".
- ... die Botschaft bis auf den Grund analysieren und nichts daraus lernen.
- ... so lange darüber sprechen, bis die Konversation darüber wichtiger wird als die persönliche Weiterentwicklung.

Oder Sie könnten Bedingungen für Ihre persönliche Weiterentwicklung stellen:

- *Ich werde mich so lange weiterentwickeln, wie es meine Sicherheit nicht beeinträchtigt.*
- *Ich werde mich so lange weiterentwickeln, wie es mir angenehm ist.*
- *Ich werde mich so lange weiterentwickeln, wie ich alte Ansichten nicht aufgeben muß.*
- *Ich werde mich so lange weiterentwickeln, wie ich mich nicht verändern muß.*

Es gibt eine bessere Alternative: Eine Lebenskrise ist eine wichtige Botschaft aus Ihrem Innersten, die Sie drängt, sich auf etwas Besseres zuzubewegen. Dieses Mal sollten Sie ihr mehr Aufmerksamkeit schenken. Lassen Sie sich von Ihren eigenen Gefühlen lenken, Sie werden Ihre Selbstachtung wiedergewinnen und herausfinden, was Sie wirklich wollen.

Trauen Sie Ihren Gefühlen! Ihr Wunsch nach etwas Besserem muß nicht heißen, daß Sie unreif sind, weil Sie aufgeben oder Ihre Situation verbessern wollen, sondern könnte eine gesunde Reaktion sein. Eine „tiefere innere Stimme" weiß es besser. Es lohnt sich, auf diese Stimme zu hören. (Es sei denn, sie rät Ihnen, sich selbst oder anderen zu schaden. Wenn das die Art von Botschaft ist, die Sie hören, dann sollten Sie mit einem professionellen Therapeuten darüber sprechen.)

Kapitel 11: Soll ich mich beraten lassen?

Lassen Sie uns den Tatsachen ins Auge blicken: Einen guten Rat zu erhalten ist alles andere als einfach.

Sie werden viele gutgemeinte Ratschläge zu hören bekommen, aber nur wenige entsprechen Ihren speziellen Bedürfnissen. Sie leben in einer ganz individuellen Situation und einem einzigartigen Erfahrungsschatz. Selbst diejenigen, die wissen, was für Sie das beste ist, haben nicht den gleichen Blickwinkel wie Sie. Jeder Ratschlag entspringt immer dem Umfeld und den Erfahrungen des anderen. Auch ein aufrichtiger und gutgemeinter Rat kann für Sie völlig ungeeignet sein.

Was drängt Sie, sich bei jemandem Rat zu holen? Die Tatsache, daß in Ihrem Leben etwas nicht mehr stimmt. Sie denken über einen Schritt nach, der einschneidende Veränderungen mit sich bringt. Sie haben das Gefühl, daß Sie mit anderen über diesen Schritt reden sollten. Aber hilft das wirklich weiter? Manchen Menschen in bestimmten Situationen vielleicht. Einspruch: *Seien Sie auf der Hut!*

Ein guter Berater wird Sie bitten, über Ihr Problem zu sprechen. Er versteht, daß Sie einen Zuhörer für Ihre Probleme brauchen. Er weiß auch, daß Ihr persönlicher Background und Ihre persönlichen Erfahrungen einzigartig sind, und versucht, zunächst diesen Hintergrund zu verstehen, bevor er irgendeinen Rat erteilt. Er wird es vermeiden, allgemeingültige Ratschläge zu geben. Er wird auch, soweit wie möglich seine eigene Einstellung zurückstellen und Sie statt dessen dazu bringen, sich mit Ihrer Einstellung auseinanderzusetzen. Er weiß, daß nur *Sie alleine* mit Ihrer Entscheidung leben müssen. Aus diesem Grund wird er Sie klug und mit Einfühlungsvermögen beraten.

Wenn Sie bei jemandem Rat suchen, dann liegt der Sinn *nicht* darin, daß man Ihnen sagt, was Sie unternehmen sollen. Wenn Sie jemanden brauchen, der Ihnen sagt, was Sie tun sollen, dann sind Sie zu einer Entscheidung wahrscheinlich noch nicht bereit. Sie sollten jemanden dann um Rat bitten, wenn Sie Ihr Problem noch einmal aus einer anderen Sicht beleuchten möchten. Ein *guter* Berater ist in der Lage, Ihnen neue Sichtweisen zu vermitteln.

Wenn Ihnen jemand schon nach fünf Minuten sagt: „Weißt du, was ich an deiner Stelle tun würde?“, dann ist es Zeit, sich einen anderen Zuhörer zu suchen.

Warum es nicht unbedingt sinnvoll ist, sich bei jemandem Rat zu holen

Auf den nächsten Seiten wollen wir einmal untersuchen, warum es möglicherweise kontraproduktiv ist, jemanden um Rat zu fragen. Denken Sie einmal über Gründe dafür nach, warum es besser sein könnte (zumindest am Anfang), es alleine durchzustehen. (Das heißt nicht, daß Sie es alleine durchstehen *müssen*. Dann wäre *ich* ein schlechter Berater, der sich Ihren Erfahrungen und Ihrem Anliegen gegenüber unsensibel verhält!) Denken Sie zumindest einmal darüber nach, warum es manchmal ratsam ist, sich von niemandem etwas raten zu lassen.

Jede der folgenden Aussagen kann Sie zu Fall bringen. Einige hören sich absurd an. Andere scheinen so lange absurd zu sein, bis Sie sie durch Ihre eigenen Erfahrungen bestätigt sehen. Ich vermute, daß Sie die meisten dieser Aussagen schon einmal gehört haben:

Ich finde, du solltest nicht gerade jetzt Schluß machen.

Es ist nicht leicht, einen Berater zu finden, der diese Einstellung nicht vertritt. Denken Sie immer daran, daß *Sie* sich schon eine ganze Weile mit Ihrer Situation auseinandersetzen; Ihr Berater hört jetzt zum ersten Mal von Ihren Gefühlen.

Als ich in meiner Lehrerlaufbahn einen der schlimmsten Jobs hatte, schrieb ich an einen engen Freund und bat ihn um Rat. Hier sein letzter Absatz:

Jack, du bist ein Egoist. Du hast eine sehr starke Persönlichkeit, die dich in Schwierigkeiten bringt. Du mußt lernen zurückzustecken, wenn du überleben willst. Einen besseren Job wirst du ganz bestimmt nicht finden. Also bleib da und finde dich damit ab.

Unter anderen Umständen wäre das vielleicht ein guter Rat gewesen. Schon oft haben Kompromisse dazu geführt, daß ich mein Wissen erweitert und mich selbst weiterentwickelt habe; sowohl die Schule als auch ich als Lehrer waren in diesen Fällen die Gewinner. Doch in dieser Situation war ein Kompromiß unmöglich. Ich durfte die modernen Lehrmethoden, in deren Entwicklung ich soviel Zeit investiert hatte, nicht benutzen. Ich wurde fälschlicherweise beschuldigt, die jüngeren Lehrer gegen die Schulverwaltung aufzuwiegeln, und obwohl es überhaupt keine Beweise für diese Anschuldigungen gab, waren die meisten Kollegen weiterhin davon überzeugt. Sie beobachteten mich wie die Habichte. Andere Lehrer hatten das Gefühl, daß meine Schüler in ihren schriftlichen Arbeiten mehr Eifer und Kompetenz zeigten. Trotzdem hielt man mich als Lehrer für ineffektiv und als Person für gefährlich.

In dieser Situation also, in der eine Wende zum Guten unmöglich war, konnte der Rat meines Freundes, durchzuhalten und sich mit der Situation abzufinden, nur ein *schlechter* Rat sein. Trotzdem schob ich meine Gedanken an eine Kündigung hinaus, weil ich Vertrauen in diesen Freund hatte (und immer noch habe). Er hatte mir in der Vergangenheit schon viele gute Ratschläge gegeben, und ich hielt seine Meinung für wichtig.

Wenn Sie vorhaben, Ihren Job zu kündigen, denken Sie daran: Die meisten Leute, mit denen Sie am Arbeitsplatz zu tun haben, wollen dort bleiben. Die Wahrscheinlichkeit, daß sie Ihnen raten werden „durchzuhalten", ist also recht groß. Für die anderen mag es das Beste sein, dort zu bleiben. *Sie* sind jedoch die Person, in deren Magen es rumort.

Einen Kollegen, der am Arbeitsplatz unglücklich ist und trotzdem bleibt, wird Ihr Plan, zu gehen, u.U. verunsichern.

Wenn eine Kollegin ihren Job „okay" findet, möchte sie vielleicht, daß Sie in ihrer Nähe bleiben, damit sie nette Gesellschaft hat. (So zynisch sich dies auch anhören mag, es ist eine ganz menschliche Reaktion.)

Ein Kollege, der seinen Job mag, versteht Ihr Problem möglicherweise überhaupt nicht.

In einer Partnerschaft oder Ehe ist das Problem ähnlich gelagert. Wenn Ihr Berater im letzten Jahr sechs verschiedene Beziehungen hatte, wird er kaum verstehen, warum Ihre Ehe nach fünf Jahren zum ersten Mal in einer Krise steckt.

Wenn Sie sich bei jemandem Rat suchen, der unglücklich ist, aber trotzdem in einer Ehe verharrt, können Sie davon ausgehen, daß Ihnen dieser Mensch raten wird, zu bleiben.

Das Problem ist, daß diese wohlmeinenden Menschen davon besessen sind, durchzuhalten, und Ihnen deshalb ebenfalls dazu raten und sich keine Gedanken um eine „Heilung" machen. Berater, die sich vor allem auf diesen Heilungsprozeß konzentrieren, sind Gold wert.

Nur ein Egoist tut das, was am besten für ihn ist.

Fast jeder, den Sie fragen, wird versuchen, Ihnen den bestmöglichen Rat zu geben. Man sollte allerdings bedenken, daß das Vorurteil „Es ist egoistisch, das zu tun, was man will“ sehr ausgeprägt ist. Der eine Berater drückt es so aus: „Manchmal muß man etwas aufgeben, das man wirklich gerne tut.“ Ein anderer sagt vielleicht: „Du denkst zuviel an dich selbst. Warum denkst du nicht auch einmal an die anderen?“

Ein solcher Rat mag ernst gemeint sein und vielleicht sogar helfen. Es gibt jedenfalls Scharen von Beratern, die glauben, daß persönliche Bedürfnisse – und zwar fast alle persönlichen Bedürfnisse – egoistisch sind und daß solche Bedürfnisse der Arbeit oder einer Beziehung unterzuordnen sind.

Diese Einstellung mag zu Zeiten Dschingis Khans funktioniert haben, in der heutigen Zeit hat sie katastrophale Folgen:

Einem Pfarrer würde man raten, in seiner Position durchzuhalten, obwohl ein Berufswechsel für ihn möglicherweise das beste wäre.

Einer unterdrückten Ehefrau in einer ungesunden Beziehung würde man raten, in dieser Beziehung zu bleiben, weil Pflichterfüllung über persönlichem Glück steht.

Einem Manager würde man raten, seine unbefriedigende Führungsposition nicht aufzugeben, weil der Berater selbst seine eigenen Bedürfnisse ignoriert, um „der Firma zu dienen“.

Menschen raten Ihnen nicht absichtlich, sich gegen Ihr Glück zu stellen. Ihr Ratschlag resultiert möglicherweise aus der Vorstellung, daß Ihr „persönliches Glück“ darin besteht, Ihre stärksten persönlichen Bedürfnisse hintenan zu stellen. Solche Vorstellungen stecken hinter dem Ausdruck „Das tun, was am besten ist“. Vielleicht versteht man Ihren inneren Aufruhr gar nicht. Vielleicht rät man Ihnen einfach nur dazu, das zu tun, was angeblich „richtig“ ist, und nicht das, was das beste ist.

Mit der Zeit wird alles besser, wenn man durchhält.

Wenn Sie wissen, daß es keine Hoffnung gibt, dann ist es auch nicht sinnvoll, jemanden um Rat zu bitten. Wenn Sie noch ein wenig Hoffnung haben, könnte ein Ratschlag diesen letzten Hoffnungsschimmer zunichte machen. U.U. sind Sie bereits an dem Punkt angekommen, wo Sie sich geschlagen geben – nicht, weil Sie ein „Drückeberger“ sind, sondern weil Sie über Ihre Situation nachgedacht haben und der Meinung sind, daß sie hoffnungslos ist.

Sie sind nahe daran, aufzugeben. Doch wenn Sie sich jemandem mitteilen, der sich nicht in Sie hineinversetzen kann, wird Ihr Entschluß womöglich ins Wanken geraten. Aufgrund Ihrer eigenen Erfahrungen wissen Sie eigentlich, was zu tun ist. Jetzt rät Ihnen jemand, der auch nicht annähernd dieselben Erfahrungen gemacht hat, durchzuhalten – zumindst noch ein wenig länger. Das Problem ist, daß aus „ein wenig länger“ manchmal eine Ewigkeit werden kann. Der ursprüngliche Antrieb für Ihre Entscheidung ist dann vielleicht für immer verloren.

In Partnerschaften und Ehen bekommt man immer wieder den Rat, durchzuhalten und die Hoffnung nicht aufzugeben – egal wie schlimm die Situation ist. Dabei spielt natürlich auch immer die Romantik eine Rolle, und romantische Vorstellungen trüben häufig den Blick. Darüber hinaus haben nur wenige Menschen wirkliche „Ungeheuer“ zum Partner, also gibt es gewöhnlich sehr wohl Hoffnung auf Besserung. (Natürlich gibt es solche Ungeheuer; wenn Ihr Partner dazugehört, dann ist die Entscheidung einfacher!) Legen Sie Romantik und Trägheit ad acta, und behalten Sie einen klaren Kopf. Nur dann können Sie beurteilen, ob Ihre Beziehung es wert ist, gerettet zu werden.

In vielen Ratschlägen wird das Jetzt und Hier einer Beziehung vernachlässigt, und man konzentriert sich vor allem auf die Vergangenheit:

Denk doch daran, wie gut sie dich immer behandelt hat.

Wenn sich die Situation in deiner Firma erst bessert, wird es dir auch besser gehen.

Es gab Zeiten, als ihr beiden wie die Turteltauben wart. Denk doch einmal daran.

Hier ein paar Antworten auf die obigen Aussagen, die in vielen Fällen gerechtfertigt sind – vielleicht auch bei Ihnen.

Aber jetzt behandelt er mich nicht gut, und es ist auch schon lange her, daß er mich gut behandelt hat.

Die Situation in meiner Firma hat sich bereits gebessert, aber für mich hat sich nichts gebessert.

Wir haben versucht, uns wieder an dieses Gefühl zu erinnern, aber es hat nicht funktioniert.

Die obigen Antworten zeigen, daß man die Hoffnung eigentlich aufgegeben hat. Vielleicht gelten diese Antworten nicht für Sie, aber wenn irgendeine dieser Antworten bei Ihnen Gefühle wachgerufen hat, dann sollten Sie sich jetzt die Zeit nehmen, sich mit diesen Gefühlen auseinanderzusetzen. Schreiben Sie sie in Ihr Tagebuch. Schauen Sie sich die Fragen in Kapitel 4 bis 7 noch einmal an. Nutzen Sie diese Erkenntnisse als Chance, sich über Ihre Situation besser klar zu werden.

Hab Geduld; halte durch.

Geduld und Durchhaltevermögen werden möglicherweise in den Ratschlägen, die Sie bekommen, am häufigsten genannt. Wahrscheinlich spielen beide Hauptrollen im Repertoire des Beraters.

Ruth dachte ernsthaft darüber nach, ihre Verlobung zu lösen. Dan war ein sehr bodenständiger Mann, und Ruth erkannte, daß sein männlicher Charme sie überwältigt hatte. Schon nach sechs Wochen hatten sie sich verlobt. Nach weiteren zwei Wochen wurde Ruth allerdings klar, daß Dan nicht den kulturellen Background hatte, den er vortäuschte. Sie machte sich ernsthafte Sorgen, als er einen Großteil eines Konzerts des Philharmonischen Orchesters von Los Angeles verschlief.

Die Ratschläge, die Ruth bekam, konnte man auf einen Nenner bringen: „Geduld und Durchhaltevermögen". Ein Freund von Dan sagte ihr, daß Geduld ihr helfen würde, Dans Defizite in bezug auf Kultur und Benehmen zu akzeptieren, sein Rülpsen und seine zotige Sprache. Wenn es Ruth gelänge durchzuhalten, würde sie am Ende auch seine guten Seiten erkennen. Ein anderer Freund sagte, daß Dan „ein Fuchs" sei und daß sie bei ihm bleiben solle, weil nur wenige Männer so gut aussähen wie er. Auch Ruths Mutter riet zu mehr Geduld.

Überhäuft mit Ratschlägen stellte Ruth fest, daß sie sich in Dans Nähe immer unwohler fühlte. Es gelang Dan, in Anwesenheit anderer sehr charmant zu sein, aber sobald sie alleine waren, verschwand sein Charme. Nur einer der wohlmeinenden Berater fand diese Tatsache von Bedeutung.

Ruth nahm den Rat an und blieb bei Dan, obwohl es ihr immer mehr widerstrebte, mit ihm zusammenzusein. Wenn Ruth versuchte, mit ihm darüber zu sprechen, was sie störte, lachte Dan sie aus und sagte: „Nobody is perfect." Auch der Rat, den man ihr gegeben hatte, war nicht perfekt gewesen. Sechs Wochen vor der Hochzeit lief Ruth weinend zu ihrer Mutter:

Mama, ich liebe ihn einfach nicht mehr. Ich mag ihn noch nicht einmal. Ich bin nicht gerne mit ihm zusammen.

Welchen Rat bekam sie von ihrer Mutter? Weitere Variationen zum Thema Durchhaltevermögen und Geduld:

Ruth, als ich deinen Vater geheiratet habe, hatte ich auch nicht das Gefühl, daß er der perfekte Mann ist. Er hatte seine Fehler, aber ich blieb bei ihm. Wenn ich es zugelassen hätte, daß diese Fehler mich abschreckten, hätte ich vielleicht unsere Ehe ruiniert. Wenn ich nicht geduldig gewesen wäre, hätte ich vielleicht ein Leben mit jemandem verpaßt, den du und ich als wunderbaren Mann kennen. Ich weiß, daß Dan auch seine wirklich guten Seiten hat. Wenn du Geduld hast, wirst du sie am Ende auch erkennen.

Ruth hatte das Gefühl, verdammt zu sein. Sie wartete noch weitere drei Wochen. Als sie noch immer keine Verhaltensänderung feststellen konnte, beendete sie die Beziehung.

Auch am Arbeitsplatz wird einem meistens zu Geduld und Durchhaltevermögen geraten. Es kommt allerdings viel zu selten vor, daß dieser Rat die Bedürfnisse des einzelnen auch wirklich respektiert.

Steve sagte man, daß er in seiner Position so weit gekommen war, wie man mit seiner Schuldbildung kommen konnte (er war Vorarbeiter bei einer Ölfirma in Philadelphia). Er wußte, daß er das Talent und die Fähigkeiten hatte, mehr Verantwortung zu übernehmen.

Für viele wäre das Grund genug, sich anderweitig nach einem Job umzusehen. Steve entschied, sich zuerst bei jemandem Rat zu holen.

Seine Frau riet ihm, nichts zu überstürzen, und äußerte die Hoffnung, daß man in der Firma die Meinung über ihn vielleicht ändern würde. Sein Vater gab ihm recht und sagte, daß es tragisch sei, aber noch tragischer sei es, wenn Steve den Arbeitsplatz wechseln würde. Sein Rat: Durchhalten und sehen, was passiert. Die werden einen guten Mann doch nicht einrosten lassen. Steves Vorgesetzter sagte ihm, daß er doch einen sehr guten Posten hätte. Wenn er nur Geduld aufbrächte, würde dic Firma die Einschränkung vielleicht irgendwann aufheben. Es bestünde ja die Möglichkeit, ihn in ein paar Jahren doch noch zu befördern.

Steve fand all diese Ratschläge „unglaublich schlecht". Er begann, sich anderweitig nach Arbeit umzusehen. Als er merkte, wie gut seine Chancen waren, schrieb er einige Bewerbungen und bat seine Firma um ein Zwischenzeugnis. Seine Vorgesetzten waren schockiert. Sie hatten das Gefühl gehabt, Steve gut behandelt zu haben. Warum sollte er die Firma verlassen wollen?

Steve bat die Firmenleitung um eine Beförderung. Das tat sie nicht.

Steve kündigte und fand sehr schnell eine neue Arbeitsstelle mit guten Aufstiegsmöglichkeiten. Seine wohlmeinenden Berater waren überrascht.

Steve erwog seine Situation, indem er sich Rat holte. Die Ratschläge halfen ihm nicht weiter. Was ihm schließlich weiterhalf, war sein Mut, die Chancen für ein besseres Leben für sich und seine Familie zu untersuchen. Ironischerweise hatte ihm dazu niemand geraten. Glücklicherweise hörte er auf seine innere Stimme und nicht auf den Rat, den er von anderen bekam.

Für Sie kann ein Ratschlag immer nur so gut sein, wie er zu Ihrer eigenen Erfüllung beiträgt – dazu, die Person zu sein, die Sie wirklich sind. Ratschläge, die sich um Konventionen und um die Wertvorstellungen des Beraters drehen (und Ihre Situation unberücksichtigt lassen), können Sie leicht aus der Bahn werfen und nur zu noch mehr Verwirrung führen.

Wägen Sie sorgfältig ab, hören Sie aufmerksam zu, urteilen Sie kritisch ... und folgen Sie Ihrer inneren Stimme.

Müssen Sie aufhören, immer gleich aufzugeben?

Es gibt Menschen, die es sich zur Gewohnheit gemacht haben, aufzugeben. Ihr Trott ist eine endlose Reihe von Abbrüchen und Neuanfängen.

Sie wissen jetzt, daß ich ganz bestimmt kein Verfechter davon bin, „durchzuhalten". Ich möchte Ihnen jedoch raten, nicht von einem Extrem – unter allen Umständen zu bleiben – ins andere zu fallen – jedesmal aufzugeben, wenn ihr „Begeisterungsindex" um einen Punkt sinkt. Wenn das Aufgeben bei Ihnen zum Verhaltensmuster geworden ist, geben Sie sich oder der Situation, in der Sie sich befinden, nicht genug Gelegenheit, sich zu bewähren. Schauen Sie sich die Zahlen im nächsten Kapitel einmal an, und prüfen Sie, wie vernünftig Ihre „Durchhalten/Weitermachen-Entscheidungen" wirklich sind.

Kapitel 12: Der „Zu-wissen-wann-Schluß-ist"-Index: Eine objektive Hilfe zur Entscheidungsfindung

Haben Sie sich dazu entschlossen, aufzugeben? Oder sind Sie zu dem Entschluß gekommen, daß Sie bleiben sollten? Sind Sie einer Entscheidung ganz nahe – näher als je zuvor? Haben Sie so viele Gefühle aufgewühlt, daß ihr Kopf zu benommen ist, um eine Entscheidung zu treffen?

Wenn die Entscheidung noch aussteht, könnte Ihnen dieses Kapitel helfen, Klarheit zu schaffen. Der „Zu-wissen-wann-Schluß-ist"-Index wird Sie dabei unterstützen, die für Sie beste Richtung festzulegen.

In den Kapiteln 4 bis 7 haben Sie Fragen bezüglich Ihres Arbeitsplatzes oder Ihrer Partnerschaft beantwortet, die sich mit vier Themenbereichen beschäftigten:

- Können Sie bleiben und trotzdem glücklich sein?
- Werden Sie sich selbst wehtun, wenn Sie gehen?
- Werden Sie anderen wehtun, wenn Sie gehen?
- Leben Sie in einem gesunden oder vergifteten Umfeld?

Wenn Sie die Fragen in diesen Kapiteln beantwortet haben, erhielten Sie für die entsprechenden Fragenkomplexe Punkte. Sie können diese Gesamtpunktzahlen jetzt benutzen, um herauszufinden, was für Sie am besten wäre: aufzugeben oder durchzuhalten – oder irgend etwas dazwischen. Das Procedere in diesem Kapitel fordert Sie auf, die Ergebnisse dieser kurzen Analysen zu verwerten.

Denken Sie daran, daß jeder dieser „objektiven" Ratschläge zur Entscheidungsfindung im besten Falle *ein*

Werkzeug ist, um zu einer Entscheidung zu gelangen. *Bitte verlassen Sie sich nicht ausschließlich auf das Ergebnis des folgenden Verfahrens.* Es soll Ihre Gefühle zutage fördern wie ein ehrliches Selbstgespräch in einem andauernden Prozeß. (Vielleicht möchten Sie auch die Fragen in den Kapiteln 4 bis 7 noch einmal beantworten; wir haben sie deshalb im Anhang zu diesem Zweck noch einmal aufgelistet.)

Der „Zu-wissen-wann-Schluß-ist“-Index ist kein genormter psychologischer Test. Er wurde als Ergebnis meiner Arbeit mit Klienten und Studenten entwickelt, die – genau wie Sie – nach Wegen suchten, eine fundierte, optimale Entscheidung zu fällen. Die Bewertungsmethoden basieren auf meinen Beobachtungen mit den Erfahrungen, die die Menschen gemacht haben, mit denen ich gearbeitet habe, nicht auf statistischen Analysen oder anderen Prozeduren, mit denen man psychologische Tests bewertet. Hinter diesen Zahlen verbirgt sich keine „Zauberei“ – sie dienen lediglich dazu, Sie durch den schwierigen und verwirrenden Prozeß der Entscheidungsfindung zu führen.

(Ich würde mich sehr darüber freuen, von Ihnen zu hören, ob der Index Ihnen geholfen hat, zu einer guten Entscheidung zu kommen. Schreiben Sie mir über meine Verlagsadresse.)

Dieses Kapitel ist in zwei Abschnitte unterteilt: einen zum Thema Arbeitsplatz und einen zum Thema Partnerschaft. Sie können einen oder beide benutzen – je nachdem, welcher Bereich Sie interessiert.

Der „Zu-wissen-wann-Schluß-ist“-Index für Beruf und Karriere

Bei der folgenden Vorgehensweise können Sie die Punktzahlen, die Sie bei den Fragen in den Kapiteln 4 bis 7 erreicht haben, kombinieren. Wenn Sie diesem Procedere folgen, erhalten Sie am Ende eine Punktzahl, die Ihnen vielleicht hilft, objektiver zu beurteilen, wie stark Ihre Gefühle bezüglich Ihres Arbeitsplatzes wirklich sind.

1. Gehen Sie zurück zu Seite 47 in Kapitel 4, und suchen Sie Ihre Punktzahl für die Fragen, die Sie mit „Ja" beantwortet haben. Tragen Sie diese Punktzahl hier ein.

Punktzahl für Fragen zum Arbeitsplatz aus Kapitel 4 __

2. Jetzt gehen Sie zu Seite 53 in Kapitel 5 zurück, und suchen Sie die Anzahl der Fragen heraus, die Sie mit „Ja" beantwortet haben. Tragen Sie diese Zahl hier ein.

Punktzahl für Fragen zum Arbeitsplatz aus Kapitel 5 __

3. Jetzt gehen Sie zurück zu Seite 65 in Kapitel 6, und suchen Sie das Ergebnis der Fragen, die Sie mit „Nein" beantwortet haben. Tragen Sie diese Zahl hier ein. (Achtung: In den ersten beiden Fragenkomplexen mußten Sie die „JA's" zählen. Jetzt – und nur jetzt – zählen Sie die „NEIN's".)

Punktzahl für Fragen zum Arbeitsplatz aus Kapitel 6 __

4. Gehen Sie zu Seite 74 in Kapitel 7, und suchen Sie das Ergebnis der Fragen, die Sie *nicht angekreuzt* haben; tragen Sie das Ergebnis hier ein. (Achtung: In allen anderen Fragenkomplexen haben Sie die Fragen gezählt, die Sie *angekreuzt* haben. In diesem Komplex – und nur in diesem – zählen Sie die Anzahl der Fragen, die Sie *nicht angekreuzt* haben.)

Punktzahl für Aussagen zu den positiven Aspekten Ihres Arbeitsplatzes aus Kapitel 7 ____

5. In Kapitel 7 haben Sie ebenfalls Fragen dazu beantwortet, wie vergiftet Ihr Umfeld war. Bitte suchen Sie auf den Seiten 75/76 das Ergebnis der Fragen, die Sie mit „Ja“ beantwortet haben, und tragen Sie Ihr Ergebnis hier ein:

Punktzahl für Aussagen zu den negativen Aspekten Ihres Arbeitsplatzes aus Kapitel 7 ______

6. Jetzt beantworten Sie die folgenden drei Fragen. Es sind neue Fragen; Sie haben Sie noch nicht beantwortet.

- Ich habe bezüglich meines Arbeitsplatzes seit Beginn dieses Buches noch kein besseres Gefühl.
- Soviel ich auch nach einem Licht am Ende des Tunnels gesucht habe, ich habe noch keines gefunden.
- Ich glaube fest, daß es an einem anderen Arbeitsplatz sehr viel bessere Möglichkeiten für mich gibt.

Gesamtzahl der mit „Ja“ beantworteten letzten drei Fragen ______

Nun zählen Sie die Ergebnisse aller sechs Fragenkomplexe zusammen, und tragen Sie die Gesamtsumme unten ein:

Gesamtzahl für alle sechs Themenkomplexe: _______

Dieses Ergebnis kann Ihnen auf der Grundlage der unten beschriebenen Bewertung helfen, zu einer Entscheidung zu gelangen.

In Kapitel 13 werde ich eingehend sechs Möglichkeiten erörtern, die Sie haben:

- *Sofort zu kündigen*
- *Abwarten, um zu einem späteren Zeitpunkt zu kündigen*
- *Ihre Absicht, zu kündigen, äußern, ohne Bedingungen zu stellen*
- *Ihre Absicht, zu kündigen, äußern und Bedingungen stellen, die Sie zum Bleiben veranlassen würden*
- *Bleiben und an Ihre Situation ganz anders herangehen*
- *Bleiben und die Situation ändern*

Diese sechs Möglichkeiten werden hier nur im Zusammenhang mit der Bewertung Ihrer Ergebnisse genannt. Sie können über diese Möglichkeiten mehr im nächsten Kapitel erfahren.

Natürlich ist die persönliche Situation jedes Menschen einzigartig, doch der folgende Abschnitt bietet Richtlinien zur Auswertung Ihres Ergebnisses.

Auswertung Ihrer Ergebnisse im Bereich Beruf und Karriere

Bei einem Ergebnis von 0 bis 7 kann man davon ausgehen, daß Ihr Job ein großes Potential für Sie bereithält. Zumindest scheinen Sie bezüglich solcher Möglichkeiten ein gutes Gefühl zu haben. Die folgenden Alternativen sollten Sie überprüfen, wenn Sie immer noch unsicher sind:

- *Bleiben und an Ihre Situation ganz anders herangehen*
- *Bleiben und die Situation ändern*

Wenn Sie ein Ergebnis von 0 bis 7 haben, und dennoch unzufrieden sind, denken Sie einmal über folgende Möglichkeit nach:

- *Ihre Absicht, zu kündigen, äußern und Bedingungen stellen, die Sie zum Bleiben veranlassen würden*

Wenn Ihr Ergebnis eine 5 oder weniger ist und Sie trotzdem nicht glücklich sind, dann liegt der Konflikt möglicherweise viel tiefer, und Sie sollten Ihre Situation mit einem Fachmann besprechen. (Bitte glauben Sie nicht, daß dies ein Zeichen von Schwäche ist oder dafür, daß Sie einen riesigen Berg von Problemen haben. Sich bei einem Fachmann Rat zu holen, ist immer ein Akt der Stärke, wenn es dazu führt, daß Sie Klarheit bekommen.)

Bei einem Ergebnis von 8 bis 15 sollten Sie folgende Alternativen überdenken:

- *Ihre Absicht, zu kündigen, äußern, ohne Bedingungen zu stellen*
- *Ihre Absicht, zu kündigen, äußern und Bedingungen stellen, die Sie zum Bleiben veranlassen würden*
- *Bleiben und an Ihre Situation ganz anders herangehen*

Diese Ergebnisse sind zwar nicht „wissenschaftlich", doch sie repräsentieren Ihre Gefühle bezüglich Ihres Jobs. Ein Ergebnis von 8 bis 15 zeigt – basierend auf Ihrer Einschätzung der Situation –, daß es möglicherweise noch genug Spielraum gibt, zu bleiben. Wenn das Ergebnis unter 10 liegt oder wenn Sie das Gefühl haben, daß eine Veränderung Ihrer Situation möglich ist, sollten Sie die folgende Möglichkeit überdenken:

- *Bleiben und die Situation ändern*

Bei einem Ergebnis von 16 bis 25 ist ein Punkt ganz klar: Sie sehen wirklich keine Hoffnung in Ihrer beruflichen Situation. Aus Ihrer Perspektive – und wie Sie die

Fragen in diesem Bereich beantwortet haben – scheint es so, als gäbe es kaum eine Möglichkeit, in diesem Job Zufriedenheit und Erfüllung zu finden.

Bei einem solchen Ergebnis sollten Sie die folgenden Alternativen durchdenken:

- *Abwarten, um zu einem späteren Zeitpunkt zu kündigen*
- *Ihre Absicht, zu kündigen, äußern, ohne Bedingungen zu stellen*
- *Ihre Absicht, zu kündigen, äußern und Bedingungen stellen, die Sie zum Bleiben veranlassen würden*

Da Sie einzigartig sind und die Entscheidung, die Sie treffen, für Sie weitreichende Konsequenzen hat, möchte ich ausdrücklich darauf hinweisen, daß die folgende Aussage meine ganz persönliche Meinung ist. Es ist eine sehr extreme Meinung, die Sie anleiten, aber nicht beeinflussen soll, meiner Sichtweise zu folgen.

Niemand hat ein Ergebnis von über 25 verdient. Sie haben das geistige Potential und die Möglichkeiten, aus Ihrem Leben etwas Besseres zu machen – egal, wie niedergeschlagen Sie sich jetzt fühlen. Ein Ergebnis von mehr als 25 zeigt, daß Ihre berufliche Situation Ihr persönliches Wohlbefinden negativ beeinflußt.

Wenn Sie mehr als 25 Punkte haben, überdenken Sie die folgenden Alternativen:

- *Sofort kündigen*
- *Abwarten, um zu einem späteren Zeitpunkt zu kündigen*
- *Ihre Absicht, zu kündigen, äußern, ohne Bedingungen zu stellen*
- *Ihre Absicht, zu kündigen, äußern und Bedingungen stellen, die Sie zum Bleiben veranlassen würden*

Ein Ergebnis von mehr als 25 deutet darauf hin, daß es notwendig sein mag, zu kündigen – vor allem wenn eine Veränderung der Situation unmöglich scheint.

(Selbst ein Ergebnis von 16 bis 25 sollte nur als vorübergehender Zustand toleriert werden, der sich bald verbessert.)

Sie alleine setzen die Prioritäten. Diese Prioritäten leiten Sie durch das Leben und machen es langfristig lebenswert oder sinnlos. Wenn die Fragen und die erzielten Ergebnisse dazu geführt haben, daß Sie Ihre Prioritäten gefunden haben, dann haben Sie einiges gewonnen.

Fallstudie: George und sein Strukturvertriebs-Alptraum

George bezeichnet sich selbst als „Strukturvertriebs-Junkie“, so wie ein Alkoholiker den Alkohol als seinen Untergang bezeichnet. Vom Erdgeschoß einer „herrlichen Gelegenheit, Geld zu verdienen“, sauste George schnell hoch in die Führungsetage einer schnell wachsenden Firma, die Ernährungsprodukte vertrieb.

George arbeitete 14 bis 16 Stunden am Tag und hatte innerhalb von acht Monaten mehr als 400 Menschen unter sich (Vertriebsmitarbeiter, die ihm Provisionen brachten). Doch irgend etwas begann an George zu nagen: Er wußte, daß die meisten Mitarbeiter seiner Gruppe sich kaum etwas aus Gesundheit oder den Produkten, die sie verkauften, machten. Sie wollten einfach nur reich werden. George arbeitete den „Zu-wissen-wann-Schluß-ist“-Index durch und kam auf ein Ergebnis von 18.

Er wußte, daß es ihm schlecht ging. Er verdiente mehr als 6.000 Dollar im Monat und in wenigen Monaten würde dieser Betrag auf monatlich 20.000 Dollar ansteigen. Doch George spürte auch, was ihn dieses Einkommen kostete: Er fühlte sich in seinem Job immer gestreßter und hatte immer weniger Spaß daran.

Er organisierte ein Treffen in Phoenix, um noch mehr Mitarbeiter zu rekrutieren – Menschen, die ihn näher an das 20.000-Dollar-Ziel bringen sollten. Ein schlimmer Vorfall auf diesem Treffen trug zu seinem Unwohlsein bei: Einer der Anwesenden, der das Produkt probiert hatte, zeigte eine ernste allergische Reaktion und mußte im Krankenwagen in das Krankenhaus gebracht werden. Plötzlich hörte George Gerüchte von ähnlichen Vorfällen im ganzen Land.

Ich bat George, seine Situation noch einmal mit Hilfe des Index zu bewerten. Dieses Mal erreichte er 27!

Das gab den Ausschlag! George entschied, daß sein persönliches Wohlbefinden mehr wert war als jedes noch so hohe Einkommen, und machte einen Rückzug. Die Firma tat dasselbe: Sechs Monate später meldete sie Konkurs an.

Der „Zu-wissen-wann-Schluß-ist"-Index für Partnerschaft und Ehe

1. Gehen Sie zurück zu Seite 49 in Kapitel 4, und suchen Sie Ihre Punktzahl für die Fragen, die Sie mit „ja" beantwortet haben. Tragen Sie diese Punktzahl hier ein.

Punktzahl für Fragen zur Partnerschaft aus Kapitel 4 __

2. Jetzt gehen Sie zu Seite 56 in Kapitel 5 zurück, und suchen Sie die Anzahl der Fragen heraus, die Sie mit „ja" beantwortet haben. Tragen Sie diese Zahl hier ein.

Punktzahl für Fragen zur Partnerschaft aus Kapitel 5 __

3. Jetzt gehen Sie zurück zu Seite 66 in Kapitel 6 und suchen das Ergebnis der Fragen, die Sie mit „nein" be-

antwortet haben. Tragen Sie diese Zahl hier ein. (Achtung: In den ersten beiden Fragenkomplexen mußten Sie die „JA's" zählen. Jetzt – und nur jetzt – zählen Sie die „NEIN's".)

Punktzahl für Fragen zur Partnerschaft aus Kapitel 6 __

4. Gehen Sie zu Seite 75 in Kapitel 7, und suchen Sie das Ergebnis der Fragen, die Sie *nicht angekreuzt* haben; tragen Sie das Ergebnis hier ein. (Achtung: In allen anderen Fragenkomplexen haben Sie die Fragen gezählt, die Sie *angekreuzt* haben. In diesem Komplex – und nur in diesem – zählen Sie die Anzahl der Fragen, die Sie *nicht angekreuzt* haben.)

Punktzahl für Aussagen zu den positiven Aspekten Ihrer Partnerschaft aus Kapitel 7 _____

5. In Kapitel 7 haben Sie ebenfalls Fragen dazu beantwortet, wie vergiftet Ihr Umfeld war. Bitte suchen Sie auf den Seiten 75/76 das Ergebnis der Fragen, die Sie mit „ja" beantwortet haben, und tragen Sie Ihr Ergebnis hier ein:

Punktzahl für Aussagen zu den negativen Aspekten Ihrer Partnerschaft aus Kapitel 7 _____

6. Machen Sie ein Kreuz neben die untenstehenden Aussagen, die für Sie zutreffen. Es handelt sich hierbei um neue Fragen, die Sie noch nicht beantwortet haben.

- Seitdem ich angefangen habe, dieses Buch zu lesen, hat sich mein Gefühl bezüglich meiner Partnerschaft bzw. Ehe nicht verbessert.
- Soviel ich auch nach dem Licht am Ende des Tunnels Ausschau gehalten habe, ich habe keines gesehen.

- Ich glaube ganz fest daran, daß es außerhalb dieser Ehe bzw. Beziehung für mein Leben noch wesentlich mehr Potential gibt.
- Ich habe nicht das Gefühl, daß mein Partner ein Interesse daran hat, daran zu arbeiten, daß unsere Partnerschaft funktioniert.
- Ich glaube, daß ich außerhalb dieser Partnerschaft wahrscheinlich glücklicher wäre.
- Ich glaube nicht, daß die Möglichkeit besteht, daß sich unsere Partnerschaft in nächster Zeit bessert.

Anzahl der Kreuze für die sechs obigen Fragen: ______

Nun zählen Sie alle Punkte der *sechs* Fragenkomplexe zusammen und tragen Sie dieses Ergebnis hier ein:

Gesamtergebnis für alle sechs Fragenkomplexe: ______

Diese Punktzahl kann Ihnen mit der folgenden Vorgehensweise helfen, zu einer Entscheidung zu gelangen.

Kurzer Abriß über die Alternativen zur Beendigung oder Weiterführung einer Partnerschaft

In Kapitel 13 werde ich die sechs Alternativen, die Ihnen bezüglich der Beendigung oder Weiterführung Ihrer Partnerschaft zur Auswahl stehen, ausführlich erläutern:

- *Sofort gehen*
- *Abwarten, um zu einem späteren Zeitpunkt zu gehen (Das ist in diesem Fall keine Alternative, da sie nur am Arbeitsplatz sinnvoll ist.)*
- *Ihre Absicht, zu gehen, äußern, ohne Bedingungen zu stellen*

- *Ihre Absicht, zu gehen, äußern und Bedingungen stellen, die Sie zum Bleiben veranlassen würden*
- *Bleiben und an Ihre Situation ganz anders herangehen*
- *Bleiben und die Situation ändern*

Diese sechs Möglichkeiten werden hier nur im Zusammenhang mit der Bewertung Ihrer Ergebnisse genannt. Sie können über diese Möglichkeiten mehr im nächsten Kapitel erfahren.

Natürlich ist die persönliche Situation jedes Menschen einzigartig, doch der folgende Abschnitt bietet Richtlinien zur Auswertung Ihres Ergebnisses.

Auswertung Ihrer Ergebnisse im Bereich Partnerschaft

Bei einem Ergebnis von 0 bis 7 kann man davon ausgehen, daß Ihre Partnerschaft ein großes Potential für Sie bereithält. Zumindest scheinen Sie bezüglich der Möglichkeiten ein gutes Gefühl zu haben. Die folgenden Alternativen sollten Sie überprüfen, wenn Sie immer noch unsicher sind:

- *Bleiben und an Ihre Situation ganz anders herangehen*
- *Bleiben und die Situation ändern*

Wenn Sie ein Ergebnis von 0 bis 7 haben, denken Sie einmal über folgende Möglichkeit nach:

- *Ihre Absicht, zu gehen, äußern und Bedingungen stellen, die Sie zum Bleiben veranlassen würden*

Wenn Ihr Ergebnis eine 5 oder weniger ist und Sie trotzdem nicht glücklich sind, dann liegt der Konflikt möglicherweise viel tiefer und Sie sollten Ihre Situation mit einem Fachmann besprechen. (Bitte glauben Sie nicht, daß dies ein Zeichen von Schwäche ist oder dafür, daß Sie einen riesigen Berg Probleme haben. Sich bei einem Fachmann Rat zu holen, ist immer ein Akt der Stärke, wenn es dazu führt, daß Sie Klarheit bekommen.)

Bei einem Ergebnis von 8 bis 15 sollten Sie folgende Alternativen überdenken:

- *Ihre Absicht, zu gehen, äußern, ohne Bedingungen zu stellen*
- *Ihre Absicht, zu gehen, äußern und Bedingungen stellen, die Sie zum Bleiben veranlassen würden*
- *Bleiben und an Ihre Situation ganz anders herangehen*

Ein Ergebnis von 8 bis 15 zeigt – basierend auf Ihrer Einschätzung der Situation –, daß es möglicherweise noch genug Spielraum gibt, zu bleiben. Wenn das Ergebnis unter 10 liegt, oder wenn Sie das Gefühl haben, daß eine Veränderung Ihrer Situation möglich ist, sollten Sie die folgende Möglichkeit überdenken:

- *Bleiben und die Situation ändern*

Bei einem Ergebnis von 16 bis 25 ist ein Punkt ganz klar: Sie sehen wirklich keine Hoffnung in Ihrer Partnerschaft. Aus Ihrer Perspektive – und wie Sie die Fragen in diesem Bereich beantwortet haben – scheint es so, als gäbe es kaum eine Möglichkeit, in dieser Partnerschaft Zufriedenheit und Erfüllung zu finden.

Bei einem solchen Ergebnis sollten Sie die folgenden Alternativen durchdenken:

- *Ihre Absicht, zu gehen, äußern, ohne Bedingungen zu stellen*
- *Ihre Absicht, zu gehen, äußern und Bedingungen stellen, die Sie zum Bleiben veranlassen würden*

Da Sie einzigartig sind und die Entscheidung, die Sie treffen, für Sie schwerwiegende Konsequenzen hat, möchte ich ausdrücklich darauf hinweisen, daß die folgende Aussage meine ganz persönliche Meinung ist. Es ist eine sehr extreme Meinung, die Sie anleiten soll und Sie nicht beeinflussen soll, meiner Sichtweise zu folgen.

Keine Partnerschaft oder Ehe sollte ein Ergebnis von über 25 haben. Zwei Menschen, die sich lieben, sollten in der Lage sein, eine bessere Lösung zu finden als die, die durch die hohe Punktzahl dargestellt wird. Doch im Gegensatz zur beruflichen Situation ist eine Kehrtwende in der Partnerschaft leichter, vor allem, wenn Sie einen Partner haben, der wirklich seinen Teil zur Verbesserung Ihrer Beziehung beitragen möchte.

Wenn Sie mehr als 25 Punkte haben, überdenken Sie die folgenden Alternativen:

- *Sofort gehen*
- *Ihre Absicht, zu gehen, äußern, ohne Bedingungen zu stellen*
- *Ihre Absicht, zu gehen, äußern und Bedingungen stellen, die Sie zum Bleiben veranlassen würden*

Ein Ergebnis von mehr als 25 deutet darauf hin, daß es notwendig sein mag, zu gehen – vor allem, wenn eine Veränderung der Situation unmöglich scheint oder Ihr Partner dazu nicht bereit ist.

(Selbst ein Ergebnis von 16 bis 25 sollte nur als vorübergehender Zustand toleriert werden, der sich bald verbessert.)

Sie alleine setzen die Prioritäten. Diese Prioritäten leiten Sie durch das Leben und machen es langfristig lebenswert oder sinnlos. Wenn die Fragen und die erzielten Ergebnisse dazu geführt haben, daß Sie Ihre Prioritäten gefunden haben, dann haben Sie einiges gewonnen.

Fallstudie: Wie Noreen und David ihre Beziehung auf positive Weise veränderten

In den letzten paar Jahren ihrer Ehe war Noreen immer unzufriedener geworden. Sie hatte David gleich nach ihrem Collegeabschluß geheiratet und bekam nach weniger als einem Jahr ihr erstes Kind. Jetzt, zehn Jahre später, hatte sie das Gefühl, herauszumüssen und wieder aufzuatmen.

David nahm das alles nicht so ernst. Er war Wertpapierhändler an der Börse, und sein Talent und sein Wissen verhinderten, daß er an dem „Schwarzen Montag" im Oktober 1987 größeren Schaden nahm. David brachte ein schönes sechsstelliges Monatseinkommen nach Hause. Alles, was er von Noreen erwartete, war, daß sie auf die Kinder aufpaßte und das große Haus in Ordnung hielt – und natürlich, daß sie eine „gute Ehefrau" war. Für Noreen war das zuviel ... und nicht genug. Drei Kinder zu erziehen, ein großes Haus in Ordnung zu halten und eine immer größere Anzahl von Davids Kunden zu bewirten, das alles war zu einer unerträglichen Last geworden. Sie wollte mehr Herausforderungen in ihrem Leben und weniger von der Mutter- und Ehefraurolle.

David wollte diesen „guten Deal" natürlich nicht verlieren und sagte: „Kommt überhaupt nicht in Frage!" Auf meinen Rat hin arbeitete Noreen alle Fragen im „Zu-wissen-wann-Schluß-ist"-Index durch. Sie war schockiert, als sie auf ein Ergebnis von 22 kam. Sie erkannte, daß ihr Umfeld eigentlich nicht länger zu ertragen war. Als sie David bat, den „Zu-wissen-wann-Schluß-ist"-Index durchzuarbeiten, weigerte er sich zunächst. Schließlich stimmte er zu. Er kam auf 10 Punkte! Der Unterschied zwischen ihren beiden Ergebnissen brachte ihre unterschiedlichen Sichtweisen zum Vorschein. Noreen sagte David: „Du hast einen ‚guten

Deal’ gemacht, ich nicht. Entweder ich werde in dieser Ehe glücklich, oder ich gehe.“

Nachdem er sich von Noreens ungewohnter Bestimmtheit erholt hatte, willigte David ein, mit ihr über dieses Thema zu reden. Noreen gab zu, daß sie die Ehe eigentlich nicht beenden wollte, jedoch keine andere Alternative sah, wenn sie nicht einige der Verhaltensmuster aufgaben, die dazu geführt hatten, daß sie unglücklich war.

Zwei Wochen lang verhandelten Noreen und David, aber sie gaben ihre Ehe nicht auf. Statt dessen gaben sie die Einstellungen und Verhaltensweisen auf, die ihrer Ehe geschadet hatten. David verwendete einen Teil seines sechsstelligen Einkommens dafür, eine Putzfrau zu engagieren und hin und wieder einen Babysitter. Noreen sah ein, daß es wichtig für Davids Karriere war, daß sie hin und wieder seine Gäste bewirtete, doch sie fanden Möglichkeiten, mit weniger Einladungen das gleiche Ergebnis zu erzielen. Noreen belegte Kurse am College, um sich selbst eine Karriere aufzubauen.

Beide arbeiteten den „Zu-wissen-wann-Schluß-ist“-Index sechs Monate später noch einmal durch; dieses Mal lagen beide ungefähr bei zehn (Davids Ergebnis war natürlich noch immer einige Punkte niedriger!). Sie brauchten ihre Ehe nicht aufzugeben, sie mußten nur die Verhaltensweisen und falschen Vorstellungen aufgeben, die ihre individuelle Erfüllung in dieser Beziehung blockierten.

Was bedeutet das nun alles?

Ihr Ergebnis im „Zu-wissen-wann-Schluß-ist“-Index – ob im Beruf oder in der Partnerschaft – soll nur ein Anhaltspunkt sein. Sein Wert liegt vor allem darin, daß er in Ihnen etwas auslöst. Starke Gefühle geben viel bessere Hinweise als reine Punktzahlen!

Ich habe in diesem Buch viel über „innere Botschaften" gesprochen. Ich hoffe, daß dieser Index Ihnen geholfen hat, ein klareres Bild von Ihren innersten Gefühlen zu bekommen und eine optimale Entscheidung zu treffen. Das nächste Kapitel beschäftigt sich eingehend mit den sechs Möglichkeiten, wie Sie nun weitermachen können.

Noch immer unsicher?

Dann haben Sie eine Reihe von Alternativen:

- Sie können dieses Buch verbrennen, in den Mülleimer werfen oder zurück zur Leihbibliothek bringen.
- Sie können sich ein paar Tage lang mit etwas anderem beschäftigen und sich ablenken und die Index-Fragen dann noch einmal beantworten.
- Sie können jetzt die entsprechenden Stellen in diesem Buch noch einmal lesen und die Index-Fragen dann erneut beantworten.

Die erste Alternative nützt Ihnen nicht viel, könnte jedoch mir und meinem Verleger helfen – falls Sie sich später dazu entschließen, noch ein Exemplar dieses Buches zu kaufen!

Die anderen Alternativen können Ihnen zeigen, in welche Richtung sich Ihre Gefühle bewegen. Indem Sie ein paar Tage oder Wochen später die Fragen noch einmal durchgehen, merken Sie vielleicht, ob sich Ihre Gefühle geändert haben; Sie brauchen sich nicht auf einen einzigen Datensatz zu verlassen. Ihre ersten Ergebnisse sind vielleicht – wie das häufig der Fall ist – erstaunlich akkurat. Wenn Sie den Test wiederholen, gelingt es Ihnen möglicherweise, Ihre eigenen Gefühle von den Vorstellungen zu unterscheiden, die Sie von anderen Menschen übernommen haben.

Benutzen Sie Ihr Tagebuch während dieser Zeit der Entscheidungsfindung regelmäßig. Lesen Sie sich frühere Notizen noch einmal durch und schreiben Sie ausführlich auf, welche Gefühle Sie beim Durcharbeiten des „Zu-wissen-wann-Schluß-ist"-Index hatten. Ihr Tagebuch soll sowohl Gedächtnisstütze als auch Anhaltspunkt für Ihre nächsten Schritte sein, weil es bestimmte Verhaltensmuster und Gefühle aufdeckt.

Sind Sie bereit, mit den *Maßnahmen* weiterzumachen?

Teil 5:
Maßnahmen

Kapitel 13: Ihre sechs Handlungsalternativen

Sie stehen jetzt an einem Scheideweg. Zunächst haben Sie sich selbst analysiert. Dann haben Sie Ihr soziales Umfeld erforscht. Schließlich haben Sie sich auf die Suche nach der für Sie optimalen Lösung gemacht. Jetzt müssen Sie die zur Verfügung stehenden Handlungsalternativen untersuchen. Sie haben sechs Möglichkeiten:

- *Sofort gehen*
- *Abwarten, um zu einem späteren Zeitpunkt zu gehen*
- *Ihre Absicht, zu gehen, äußern, ohne Bedingungen zu stellen*
- *Ihre Absicht, zu gehen, äußern und Bedingungen stellen, die Sie zum Bleiben veranlassen würden.*
- *Bleiben und an Ihre Situation ganz anders herangehen*
- *Bleiben und die Situation ändern*

1972 hatte ich die Nase vom Lehrersein voll. Ich unterrichtete in erster Linie Anfängerkurse in Stilistik und hatte schon bald keine Lust mehr, selbst in den Kursen der Fortgeschrittenen noch grundlegende Grammatik unterrichten zu müssen. Damals kam es nicht in Frage, daß ich aufhörte. Ich befand mich in einem sehr angenehmen und stimulierenden Umfeld. Also begann ich mich nach Möglichkeiten umzusehen, anders an meine Arbeit heranzugehen.

Im Sommer davor hatte ich eine sehr eindrucksvolle mit Musik unterlegte Dia-Präsentation in einem Ferienlager gesehen. Ich war erstaunt darüber, was man alles mit Dias und Musik machen kann. Also führte ich solche Präsentationen in meinem Unterricht ein, um zum Schreiben anzuregen. Dadurch wurde mein Unterricht sowohl für mich als auch für meine Studenten interessanter.

Kontinuierlich entdeckte und entwickelte ich weitere Möglichkeiten des audiovisuellen Lernens im Sprachunterricht. Innerhalb von drei Jahren war der Beruf, der mich gelangweilt hatte, sehr interessant geworden.

Schließlich erhielt ich Einladungen zu acht Lehrerkonferenzen, um über meinen neuen Lehr- und Lernansatz zu berichten. Indem ich dieses interessante Wissen mit anderen teilen durfte, gewann meine Arbeit noch mehr Bedeutung. In den nächsten sechs Jahren freute ich mich jedesmal auf den Unterricht. Am Ende hatte ich Präsentationen erstellt.

Die Lehre, die wir aus diesem Beispiel ziehen können, lautet: *Seien Sie ganz sicher, daß Ihr Job sinnlos ist, bevor Sie ihm ein Ende bereiten.*

1980 bereitete ich diesem Job dann doch ein Ende, weil es keine Berge mehr zu besteigen gab. Dieses Mal fand ich keinen Weg aus der Langeweile. Also wechselte ich den Beruf.

Bevor *Sie* eine große Veränderung vornehmen, sollten wir uns einmal diese sechs Alternativen ansehen.

Die Sache sofort beenden

Nur in den seltensten Fällen ist es sinnvoll, sofort zu gehen oder zu kündigen. Am besten funktioniert das bei unverheirateten Paaren, die eine wirklich katastrophale Beziehung und keine Kinder haben. Eine besonders vergiftete Atmosphäre oder regelmäßige heftige Auseinandersetzungen machen ein schnelles Ende u.U. erforderlich.

Doch selbst bei Unverheirateten ist ein sofortiges Ende nur selten die beste Lösung. Ein Ende ist wesentlich effektiver und verantwortungsvoller, nachdem man miteinander geredet hat.

Am Arbeitsplatz kann eine fristlose Kündigung einem beruflichen Selbstmord gleichkommen. Vielleicht fühlt sich eine fristlose Kündigung gut an ... ungefähr 24 Stunden lang. Aber dann kommen die Sorgen um eine ungewisse Zukunft. Fristlose Kündigungen bieten tollen Gesprächsstoff, doch auf dem Arbeitsmarkt führen sie nur selten zu guten Ergebnissen.

Sehr wenige Menschen kündigen fristlos. Jene, die es doch tun, wurden wirklich bis zum Äußersten getrieben (auf jeden Fall fühlten sie sich so). Gewöhnlich ist es der Tropfen, der das Faß zum Überlaufen brachte.

Larry Brown, der Trainer des Universitäts-Basketballteams von Kansas, das 1988 Liga-Gewinner war, gab öffentlich zu, daß er seinen Job als Trainer in Los Angeles (bevor er nach Kansas kam) zu früh aufgegeben hatte. Im Rückblick, so schloß er, hatte er zwar keinen leichten Job gehabt, aber das Schlimmste hatte er bereits hinter sich. Er bestätigte, daß er die nötige Unterstützung bekommen hätte, um in Los Angeles ein gutes Trainingsprogramm durchzuziehen, wenn er länger geblieben wäre.

Meine Freunde Walter und Paul hörten beide nach ihrem ersten Jahr als Lehrer auf, weil ihre Erfahrungen so grauenvoll waren. Ich versuchte, sie dazu zu überreden, es an *einer anderen Schule* noch einmal zu versuchen. Aber sie waren so enttäuscht, daß sie den Beruf und die schlechten Erinnerungen, die damit verbunden waren, sofort aufgeben wollten. Die Schüler mochten diese beiden jungen Lehrer und hielten sie für fähig. Ich glaube, daß diese Männer mit ihrer Liebe zu den Kindern und ihrer Begeisterung für Fächer als Lehrer ein sinnvolles Leben hätten führen können in einer gesünderen Umgebung.

Abwarten, um zu einem späteren Zeitpunkt zu gehen

Diese Lösung ist einem sofortigen Ende am ähnlichsten. Doch sie läßt den Zurückbleibenden ein gewisses Maß an Würde. Ein verzögertes Ende zeigt, daß Sie beide bereit sind, eine gewisse Übergangszeit verstreichen zu lassen und daß Ihr Entschluß, zu gehen, feststeht.

Während diese Alternative am Arbeitsplatz von Höflichkeit und Pflichtbewußtsein zeugt, funktioniert sie in Partnerschaften und Ehen nur selten. Viele Menschen sagten mir, es wäre besser gewesen, sie hätten sich bereits früher getrennt.

Nachdem sie ihre Trennungsabsicht angekündigt haben, bleiben viele Menschen noch lange bei ihrem Partner, weil sie denken, das sei edelmütig. Das ist es nicht. Es weckt nur falsche Hoffnungen.

Am Arbeitsplatz gibt es ein anderes Problem. Nachdem Sie Ihre Kündigungsabsicht ausgesprochen haben, sind Sie wahrscheinlich entspannter. Mit weniger Streß können Sie den Job besser machen und sind vielleicht sogar versucht, Ihre Entscheidung rückgängig zu machen. Dies ist zwar eine sehr menschliche Reaktion, sie ist aber leider nur selten richtig. Sie haben Ihre Entscheidung unter normalen Umständen gefällt. In der Zeit der Trennung ist Ihre Situation nicht mehr normal.

Die andere Falle, in die Sie hineinstolpern können, kommt zwar nicht so häufig vor, doch sie kann Sie verunsichern. Manchmal werden die Umstände tatsächlich besser. Das könnte Sie verwirren. Nach meiner Ansage, meinen Job als Lehrer zu kündigen, wurde ich ungewöhnlich gut behandelt. Ich war der vierte, der innerhalb der ersten elf Wochen nach Schulanfang gekündigt hatte. Doch das erkannte ich erst später. (Tatsächlich fand ich später heraus, daß ich *an jenem Tag* schon der zweite war, der gekündigt hatte!) Da ich der erste war, der nicht mit sofortiger Wirkung kündigte, hatten meine Vorgesetzten mir gegenüber ein besseres Gefühl und behandelten mich ungewöhnlich freundlich. Die Situation an jener Schule wurde sehr viel besser, aber sie wurde niemals richtig gut.

Ihre Absicht zu gehen äußern, ohne Bedingungen zu stellen

Sie können diese Alternative von zwei Seiten angehen. Zunächst können Sie die Hoffnung ausdrücken, daß sich die Situation bessert. Das bedeutet, daß Sie Ihren Erfahrungen keine Grenzen setzen. Es bedeutet auch, daß Sie nicht sagen, unter welchen Umständen Sie bleiben würden. Sie müssen Ihrem Gefühl trauen, um festzustellen, ob sich die Umstände soweit bessern, daß Sie es für sinnvoll halten, zu bleiben. Sie können keine besonderen Erwartungen formulieren, weil Sie nicht wissen, welche.

Das liegt nicht daran, daß Sie eine Primadonna sind. Es ist eine Bestätigung dafür, daß Sie ein Recht darauf haben, Ihr Umfeld zu genießen und Ihre Talente so effektiv wie möglich zu nutzen.

Bei einer anderen Herangehensweise an diese Alternative haben Sie zwar Erwartungen, doch Sie äußern sie nicht. Sie wissen, was Sie wollen, doch Sie behalten das für sich. Für jemanden, der absolut sicher sein möchte, daß niemand sich anders als sonst verhält oder übermäßig nett ist, um Sie zu manipulieren, ist dieser Ansatz am besten geeignet.

Sie sollten aber auch nicht den Eindruck erwecken, als würden Sie andere manipulieren wollen. Eine geäußerte Kündigungsabsicht, die noch nicht ganz sicher ist, ist von Natur aus manipulativ. Sagen Sie ruhig, daß Sie nicht etwa Aufmerksamkeit suchen, sondern Klarheit. Dann werden sich die Gemüter beruhigen.

In Partnerschaften und Ehen wird die Ankündigung, daß Sie gehen wollen, eine sehr viel größere Auswirkung haben. Im Gegensatz zu einer beruflichen Kündigung gleicht diese Ansage einem Schock. Das ist die schlechte Nachricht.

Die gute ist, daß Sie meistens nur ein Gegenüber haben, das Sie informieren müssen. Natürlich sind möglicherweise auch Kinder im Spiel, und auch Ihren Eltern, Schwiegereltern und anderen Verwandten müssen Sie es früher oder später sagen. Jobs sind normalerweise nicht auf die Ewigkeit ausgerichtet. An Beziehungen hingegen werden schon größere Erwartungen gestellt.

In instabilen Beziehungen wird die Ankündigung, daß man die Beziehung beenden möchte, die Beziehung schneller zu einem Ende bringen. Das passiert jedoch nur selten, wenn es noch Hoffnung für diese Beziehung gibt. Wenn noch eine Möglichkeit auf Heilung besteht, wird die Ankündigung, zu gehen, normalerweise die notwendigen Maßnahmen und Gespräche auslösen. Wenn es für die Beziehung keine Hoffnung mehr gibt, wird die Ankündigung, zu gehen, nur die Kommunikationsblockade verstärken.

Ihr Partner sagt möglicherweise: „Wenn du so über unsere Beziehung denkst, dann sollten wir sie gleich beenden." Wenn das die einzige Äußerung Ihres Partners ist, dann hilft er Ihnen damit mehr, als Sie möglicherweise erkennen. Dies läßt auf wenig oder keine Möglichkeit der Kommunikation schließen. Wahrscheinlich ist diese fehlende Kommunikation sogar einer der Hauptgründe für Ihre Entscheidung.

Am Arbeitsplatz fürchten wir uns vor jeder Reaktion auf eine solche Absichtserklärung. Trotz all unserer Befürchtungen sind solche negativen Reaktionen jedoch selten. Eine erklärte Kündigungsabsicht ist nicht so bedrohlich, wie wir immer dachten. (Diese Tatsache an sich kann bereits dem Ego schaden.) Vorgesetzte werden dafür bezahlt, mit solchen Situationen fertigzuwerden, und sie sind schon früher damit fertiggeworden.

Seien Sie darauf gefaßt, auf eine weitere Alternative zu stoßen. Wenn Sie zusammen mit Ihrer Ankündigung keine Forderungen stellen, wird man Sie vielleicht bitten, solche zu stellen, damit man verbessern kann, was Sie stört. Selbst wenn Sie zunächst dazu entschlossen waren, keine Bedingungen zu stellen, sollten Sie zumindest darauf vorbereitet sein, wenn man Sie danach fragt. Wenn Sie keine Verbesserungsvorschläge haben, wird man glauben, Sie hätten die Sache nicht gut genug durchdacht.

Sie sollten den Unterschied zwischen bestimmten und allgemeinen Forderungen kennen. Von den folgenden zwei Aussagen ist die zweite die speziellere und damit effektivere Forderung.

Ich möchte, daß die Dinge hier anders laufen. Ich habe keine Lust mehr dazu, behandelt zu werden, als sei ich nicht wichtig. Ich habe für diese Firma viel getan, und was habe ich davon? Ich glaube, daß ich immer noch viel zuwenig verdiene.

Hier sind einige Veränderungen, die meiner Meinung nach entscheidend sind. Zunächst würde ich gerne mehr Aufgaben erledigen, die meine mathematischen Fähigkeiten besser nutzen. Seit ich hier bin, habe ich dazu beigetragen, daß die Produktivität in meiner Abteilung um 32 Prozent gestiegen ist. Mein Gehalt dagegen wurde in den letzten drei Jahren nur um 16 Prozent angehoben.

Als Marv Claudia fragte, ob sie ihn heiraten wolle, teilte ihm Claudia mit, daß sie bezüglich ihrer Beziehung kein gutes Gefühl habe und daran denke, sie zu beenden. Als der erschrockene Marv fragte, warum, konnte Claudia dafür keinen speziellen Grund angeben. Sie wußte nur, daß sie ein viel besseres Gefühl haben müßte, um eine Ehe einzugehen.

Claudias Freunde sagten ihr, sie sei verrückt. Claudia entgegnete: „Ich weiß, wann ich ein gutes Gefühl habe und wann nicht, aber ich weiß nicht immer, warum. Wenn ich bei dieser Beziehung innerhalb der nächsten paar Monate nicht ein besseres Gefühl bekomme, werde ich sie beenden."

Zwei Monate später war Claudias Gefühl sogar noch schlechter geworden, und sie beendete die Beziehung zu Marv. Ein paar Monate später erzählten gemeinsame Freunde Claudia, daß Marv tiefsitzende emotionale Probleme habe, die er nicht einmal vor sich selbst zugeben mochte; offenbar waren schon andere Beziehungen vorher aus diesem Grund in die Brüche gegangen. Claudia war froh, ihren Gefühlen vertraut zu haben, obwohl sie – zumindest anfangs – keine konkreten Gründe angeben konnte.

Ihre Absicht, zu gehen, äußern und Bedingungen stellen, die Sie zum Bleiben veranlassen würden

Unter bestimmten Umständen kann diese Strategie die Arbeitsbedingungen so verändern, daß es sinnvoll ist zu bleiben. Doch in anderen Situationen kann Ihre Ankündigung dazu führen, daß sich die Dinge zum Schlechteren ändern. (Das passiert nicht in einem beruflichen Umfeld, das Ihnen guttut.)

Es gibt nur einen wahren Grund für eine Kündigung unter bestimmten Bedigungen: Sie müssen eruieren, ob die Möglichkeit einer Veränderung besteht, bevor Sie sich endgültig entscheiden. Im Gegensatz zu der bedingungslosen Kündigung ermöglichen Sie es anderen, an den notwendigen Veränderungen teilzuhaben. Es ist nichts falsch daran, mit Bestimmtheit zu sagen, was nötig ist, damit Sie an diesem Arbeitsplatz bleiben.

Wenn Sie das Gefühl haben, daß diese Ankündigung das Boot zum Schaukeln bringt, denken Sie daran, daß es nicht Ihre Absicht ist, daß Boot *zu versenken*. Sie wollen es nur mächtig zum Schaukeln bringen, und herausfinden, ob jemand Sie für so wertvoll hält, daß er Sie rettet. Seien Sie bei dieser Alternative auf das Schlimmste gefaßt. Wenn Ihnen gesagt wird, daß Sie sich anderswo nach einem Job umsehen sollen, und Sie damit nicht umgehen können, dann ist dies nicht die richtige Alternative für Sie! Hier einige der schlimmsten Reaktionen, die kommen können:

Sie werden sofort gefeuert.
Ihr Arbeitgeber sagt Ihnen, daß Sie der unrealistischste Blödmann sind, der jemals bei ihm gearbeitet hat.
Man wird Ihnen nahelegen, eine Psychotherapie zu beginnen.
Man sagt Ihnen, daß Sie Ihre Erwartungen zu hoch geschraubt haben.

So beängstigend diese Reaktionen auch sein mögen, sie sind sehr selten.

Es ist nicht schwer, sich den Ruf zu verschaffen, fordernd zu sein. Einige verschaffen ihn sich dadurch, daß sie einfach das fordern, was ihnen zusteht. In Ihrer Situation fordern Sie nur das, was Ihnen Ihrer Meinung nach zusteht. Im stillen haben Sie entschieden, daß es in Ihrer Situation nicht sinnvoll ist, zu bleiben. Sie sind weitergegangen als die meisten Menschen und haben überlegt, was notwendig wäre, damit Sie bleiben. Es gibt keinen Grund, warum Sie diese Forderungen mit hängendem Kopf stellen sollten.

Russ war Führungskraft im mittleren Management bei einer aufstrebenden High-Tech-Firma. Er war schnell aufgestiegen, weil er im Bereich der Softwareprogrammierung ungewöhnlich kreativ war. Verwaltungsaufgaben belasteten ihn zeitlich immer mehr, bis er verkündete, daß er kündigen würde, wenn er nicht wieder neue Software entwickeln dürfe.

Jim, der aufmerksame Chef von Russ, zog es vor, Russ wieder programmieren zu lassen, als ihn ganz zu verlieren. Jim fand eine Lösung, die für beide vorteilhaft war:

Russ, ich brauche dich wirklich als Vorgesetzten der Programmierer. Aber ich weiß, daß du weiterhin selbst Programme schreiben möchtest. Warum einigen wir uns nicht darauf, daß du die Hälfte der Zeit programmierst und die andere Hälfte der Zeit überwachst? Du kannst mir helfen, einen der anderen Programmierer auszusuchen, der dich bei der Überwachung unterstützt. Auf diese Weise haben wir zwei Meinungen. Kann dein Ego diesen Vorschlag akzeptieren?

Russ erkannte, daß seine berufliche Zufriedenheit davon abhing, ob sein Ego zufriedengestellt war. Er stimmter einer geringfügigen Gehaltskürzung zu und machte wieder das, was er gerne tat, blieb jedoch Angehöriger des mittleren Managements. Seine Forderung nach ganz bestimmten Veränderungen führte zu einem Kompromiß, der sowohl den Bedürfnissen der Firma entsprach als auch seinen eigenen.

Bleiben und an Ihre Situation ganz anders herangehen

Folgende Bedingungen sollten herrschen, wenn Sie der Meinung sind, daß diese Alternative für Sie die beste ist:

Sie mögen die Menschen, mit denen Sie zusammenarbeiten.
Die Menschen, für die Sie arbeiten, respektieren Sie und geben Ihnen genügend Freiraum.
Ihr berufliches Umfeld ist für Sie zumindest einigermaßen förderlich.

Es wäre tragisch, wenn Ihr eigener Job möglicherweise ein verborgener Schatz wäre und Sie verfrüht kündigten. Sie schulden es sich selbst, das herauszufinden.

Auf der Suche nach einer völlig neuen Herangehensweise sind schon viele interessante Dinge passiert:

Ein gelangweilter Personalleiter fand einen neuen Sinn in seiner Arbeit, indem er Menschen beriet, die Probleme am Arbeitsplatz hatten. Anstatt neue Mitarbeiter zu suchen und einzustellen, fand er jetzt eine Herausforderung darin, die Unzufriedenen zum Bleiben zu überreden. Ohne diesen neuen Bereich hätte er keine Lust mehr gehabt, dort weiterzuarbeiten.

Eine Krankenschwester war von ihrem Job, den sie seit zwölf Jahren ausübte, gelangweilt, bis sie Techniken zur Streßbewältigung erlernte. Dieser Bereich reizte sie so sehr, daß sie eine echte Expertin auf diesem Gebiet wurde. Zunächst bewältigte sie ihren eigenen Streß. Dann konnte sie ihren Job damit sinnvoller gestalten, indem sie den Patienten half, ihren Streß zu bewältigen. Schließlich unterrichtete sie ihre Kolleginnen, und so wurde ihr Job noch interessanter.

In jedem dieser Fälle blieben die äußeren Umstände dieselben. Der Unterschied bestand in der Herangehensweise. Selbst wenn Sie das starke Gefühl haben, Ihren Job aufgeben zu müssen, sind Sie wesentlich beruhigter, wenn Sie auch Alternativen untersucht haben, wie Sie in Ihrem Job bleiben können.

Bleiben und die Situation ändern

Diese und die vorhergehende Alternative überlappen sich oberflächlich betrachtet, doch die Grundidee ist eine völlig andere. Bei der vorangegangenen Alternative müssen vor allem Sie sich ändern. Bei dieser Alternative muß sich vor allem die Situation ändern.

Betty, die Sekretärin, die wir in Kapitel 10 kennengelernt haben, fand ihre Arbeit unbefriedigend, bis es ihr gelang, die Produktivität in ihrem Büro zu steigern. Ein intelligenter Vorgesetzter erkannte am Ende, daß sie mehr einbezogen werden müßte und man ihr ermöglichen sollte, ihre Situation zu ändern, damit sie bliebe. Sie blieb nicht nur, sondern sie wurde so effektiv, daß man sie beförderte.

Betty fand sehr viel mehr Erfüllung darin, ihre Situation zu verbessern, als sie in einer neuen Firma gefunden hätte.

Dies ist die Alternative mit dem Licht am Ende des Tunnels. Bei Ihren Analysen und Gesprächen erkennen Sie, daß eine Veränderung möglich ist und daß diese Veränderung die Möglichkeit birgt, ein gesundes Umfeld (neu) zu erzeugen.

Oft ist schon die Veränderung an sich lohnenswert und kann Ihrem Job oder Ihrer Beziehung eine neue Richtung weisen.

John und Tanjas Heirat schien zum Scheitern verurteilt. John verbarg noch nicht einmal die Tatsache, daß er mit anderen Frauen schlief. Tanja äußerte sich genauso offen über ihr sexuelles Desinteresse an John – und jedem anderen Mann. Beide ließen sich beraten, um ein Ende der Ehe zu rechtfertigen. Doch sie liefen einem Berater über den Weg, der ihnen half, sich mehr auf eine Heilung als auf ein Ende der Partnerschaft zu konzentrieren. Der Berater traf beide während der ersten paar Sitzungen getrennt voneinander. Später brachte er sie zusammen. „Eine Beendigung Ihrer Beziehung bleibt uns als Alternative immer noch erhalten. Doch ich möchte, daß Sie beide darüber nachdenken, ob es eine Möglichkeit gibt, daß Sie zusammenbleiben und beide davon profitieren“, sagte der Berater.

John und Tanja erkannten, daß sie sich mehr auf das Verlieren als auf das Gewinnen konzentriert hatten. Tanja hatte das Gefühl, daß John zu sehr mit dem Speditionsbetrieb beschäftigt war, den er betrieb, und natürlich war sie darüber unglücklich, daß er sie betrog.

Mit Hilfe des Beraters erkannte John, daß seine Affären vor allem aus einer – seiner Meinung nach – noblen Geste herrührten. John war so erzogen worden, daß jede Form von oralem Sex etwas Schmutziges war, und daher suchte er oralen Sex nur bei anderen Frauen. Tanja war nicht so erzogen worden, das Problem war vor allem aus Mangel an Kommunikation entstanden. John erkannte auch, daß seine Affären mit wesentlich jüngeren Frauen vor allem daher kamen, daß er Angst davor hatte, älter zu werden, und nichts mit Tanja zu tun hatten. Er willigte ein, sich mit diesem Problem im Rahmen einer Therapie zu beschäftigen.

Schon nach wenigen Sitzungen erkannten beide, daß ihre Ehe noch ein großes Potential barg. Tanja akzeptierte, daß sie sich ein wenig hatte gehen lassen, und fand Spaß daran, zwanzig Pfund abzunehmen und sich hübscher anzuziehen. John willigte ein, seine Affären zu beenden und seine Überstunden zu reduzieren. Beide waren bereit, sich zu ändern, und dies half ihnen, ihre Ehe zu retten.

Am Arbeitsplatz können viele Alternativen untersucht werden, bevor man sich dazu entschließt zu kündigen. In den vergangenen Jahren haben organisatorische Veränderungen dazu geführt, daß es mehr teamorientierte Ansätze in den Firmen gibt, bei denen Angestellte und Management zusammenarbeiten, um etwas zu verändern. Das Management erkannte, daß es sinnvoll ist, Mitarbeiter bei Schlüsselentscheidungen mit einzubeziehen. Mehr und mehr Firmen erkennen, daß eine gesteigerte Produktivität vor allem auf eine verbesserte Arbeitsmoral zurückzuführen ist. Firmeninterne

Schulungen und externe Trainings helfen, ein besseres – und produktiveres – Arbeitsumfeld zu schaffen. Wenn Sie Ihrer Unzufriedenheit Ausdruck verleihen, könnte dies der Auslöser für solche Maßnahmen sein. Sie schulden es sich selbst herauszufinden, ob Ihnen jemand zuhört. Außerdem kann niemand zuhören, wenn Sie nichts sagen!

Dianne arbeitet bei einer der größten Fluggesellschaften in der Abteilung für Reservierungen. Sie dachte ernsthaft an eine Kündigung, weil sie der Belastung, die daher rührte, daß ihre Telefonate von ihrem Vorgesetzten überwacht wurden und der Computer aufzeichnete, wie lange sie für jedes Telefongespräch brauchte, nicht gewachsen war. „Wenn Sie über 109 Sekunden liegen, bekommen Sie eine schlechte Note. Wenn zwischen den einzelnen Anrufen mehr als 11 Sekunden verstreichen, bekommen Sie ebenfalls eine schlechte Note. Was früher einmal eine angenehme Tätigkeit war, ist jetzt sehr anstrengend."

Als Dianne sagte, daß sie kündigen würde, war man im oberen Management plötzlich bereit, ihr zuzuhören. Man fragte sie, welche Bedingungen sie stellen würde, um zu bleiben. Dianne meinte, daß sie die anderen Kollegen mit einbeziehen wolle und befragte sie. Jeder stimmte zu, daß das Management wissen sollte, wie die Mitarbeiter bei den Kunden ankamen. Aber fast jeder Mitarbeiter führte den Streß darauf zurück, daß man nicht wußte, wann man überwacht wurde. Sie wollten außerdem die Freiheit zu entscheiden, wann ein Gespräch von 109 Sekunden Dauer zu kurz für das Problem war, das der Kunde hatte.

Das obere Management willigte ein, den Mitarbeitern mitzuteilen, wann sie überwacht wurden. Man ließ außerdem die 109-Sekunden-Forderung fallen, drängte jedoch darauf, daß die Mitarbeiter der Reservierungsabteilung ihre Zeit effektiv nutzen sollten und die Dauer ihrer Telefonate weiterhin gemessen wurde. Damit waren zwar nicht alle Probleme gelöst, doch die Arbeitsmoral und die Kommunikation hatten sich soweit gebessert, daß sich Dianne zum Bleiben entschied. Aufgrund ihres Engagements wählten ihre Kollegen sie zur offiziellen Vertreterin.

Überlegen Sie, welche der sechs Alternativen für Sie am besten geeignet ist. Wenn Sie Ihre Entscheidung getroffen haben, hilft Ihnen das nächste Kapitel, eine Brücke zu der nächsten Station in Ihrem Leben zu bauen.

Kapitel 14: Eine Brücke bauen

Wenn Sie sich dazu entschieden haben zu gehen, ist es ganz wichtig, daß Sie eine Brücke zu Ihrem nächsten Lebensabschnitt bauen. Sie trägt dazu bei, daß Sie Ihren Entschluß ruhiger und gelassener durchsetzen. Wenn Sie noch immer zu keiner Entscheidung gelangt sind, wird Ihnen vieles klarer werden, wenn Sie beginnen, diese Brücke zu bauen.

Auf jeden Fall steigern Sie Ihre mentale Kraft und reduzieren Ihre Angst. Je sorgfältiger Sie die Brücke zu Ihrem nächsten Lebensabschnitt bauen, desto größer sind Ihre Erfolgschancen.

„Brücken" brauchen wir nicht nur im Berufsleben, sondern sie helfen uns auch bei Partnerschaften und Ehen.

Einige Menschen fühlen sich wohl dabei, einen großen Sprung zu machen. Es handelt sich dabei um eine Art Katharsis, die ein Gefühl der Erleichterung und Klarheit hinterläßt ... einen oder zwei Tage lang. Am Arbeitsplatz funktioniert diese Vorgehensweise am besten unter folgenden Voraussetzungen:

- Sie haben einen so niedrigwertigen Job, daß es kein Problem für Sie ist, einen neuen zu finden
- Sie arbeiten zu einem Mindestlohn, und Sie leben in einer Region, wo es kein Problem ist, wieder einen Arbeitsplatz mit Mindestlohn zu finden
- Sie haben genug Geld, um sich und Ihre Familie sechs Monate zu ernähren, und können einen Großteil dieses Geldes dafür ausgeben, einen neuen Job zu suchen

- Sie haben bereits ein anderes Jobangebot in der Tasche
- Sie sind so reich, daß Sie nicht arbeiten müssen

Wie Sie die Brücke am Arbeitsplatz bauen

Normalerweise sind die Umstände am Arbeitsplatz wesentlich komplizierter. Allerdings sind sie auch wesentlich weniger schmerzhaft. Auch wenn Sie es nicht glauben: Am Arbeitsplatz sind Sie wesentlich leichter zu ersetzen. Ein neuer Mitarbeiter ist leicht zu finden.

- Zunächst sollten Sie *lesen: Bücher über den Arbeitsmarkt, Ihren Beruf, eine mögliche neue Karriere.* Selbst wenn Sie zunächst nur wenig nützliche Informationen bekommen, so werden Sie doch mental auf die neue Situation vorbereitet. Dies kann wichtiger sein, als Sie jetzt denken. Eine naive Einstellung unterscheidet sich in schriftlichen Bewerbungen, Bewerbungsgesprächen und Anfragen sehr deutlich von einer gewissen Informiertheit.
  Ich empfehle Ihnen dringend, einmal in einen Buchladen oder eine Bibliothek zu gehen. Schon indem Sie einfach herumstöbern, bekommen Sie eine Vorstellung von der Bandbreite der Alternativen, die Ihnen zur Verfügung stehen. Über berufliche Neuorientierung, Bewerbungsgespräche, die Abfassung von Lebensläufen, alternative Tätigkeitsfelder, Kleidungsempfehlungen für Bewerbungsgespräche und viele andere interessante Themen gibt es eine ganze Reihe von Büchern. Sie werden beim Herumstöbern viele Möglichkeiten entdecken.
- Viele Hochschulen, manche Bibliotheken und die Arbeitsämter haben Datenbanken über offene Stellen und Weiterbildungsmöglichkeiten. Informieren Sie

sich darüber, welche Informationsquellen es in Ihrer Region gibt.

- Eine andere Möglichkeit sind private Arbeitsvermittlungsinstitute, die so lange kostenlos arbeiten, bis sie einen Arbeitsplatz für Sie vermittelt haben. Dort finden Sie auch Informationen über andere Berufe und darüber, ob eine andere Stadt für Ihr Berufsbild möglicherweise vorteilhafter ist. Sie können dort auch Informationen über andere Tätigkeitsbereiche in Ihrem eigenen Beruf bekommen. Diese bekommen Sie natürlich auch bei den Arbeitsämtern.
- Der vierte Bereich, der zum Bau Ihrer Brücke gehört, ist das eigentliche *Schreiben der Bewerbungen.* Manchmal kann einen diese Tätigkeit so verrückt machen, daß man sich seinen Entschluß, zu kündigen, noch einmal überlegt. Oft verlangen die Firmen neben den normalen Bewerbungsunterlagen noch eine Menge anderer Informationen.
  Das ist die schlechte Nachricht bezüglich der Bewerbungen. Die gute ist, daß Sie jetzt eine hervorragende Möglichkeit haben, sich über Ihre eigenen Werte klarzuwerden. Sie können Ihre schriftliche Ausdrucksform verbessern, wenn Sie genau herausfinden, wonach Ihr potentieller neuer Arbeitgeber sucht.
- Beim Bau der Brücke ist es ganz wichtig, daß Sie kein Blatt vor den Mund nehmen. Ich rate Ihnen, so lächerlich sich das anhören mag, *Bewerbungsgespräche zu üben,* auch wenn Sie bereits von vornherein wissen, daß Sie praktisch keine Chance auf die angebotene Stelle haben. Haben Sie keine Hemmungen, unangemeldet aufzutauchen und nach dem Personalleiter zu fragen. (Die beiden besten Jobs bekam ich dadurch, daß ich unangemeldet irgendwo hineinplatzte. Ich rechnete mir beide Male keine Chance aus. Deshalb war ich wahrscheinlich so entspannt, daß ich einen guten Eindruck hinterließ!) Manchen

Personalleitern gefällt das. Andere fühlen sich belästigt. Wenn Sie nur üben, ist das egal (es sei denn, daß Sie in einer so provinziellen Gegend wohnen, daß Sie Gefahr laufen, sich in dieser Hinsicht einen schlechten Ruf zu verschaffen).

- Mit zunehmendem Selbstbewußtsein bekommen Sie eine Vorstellung davon, wann Sie das erste ernsthafte Bewerbungsgespräch führen sollten. Jetzt befinden Sie sich in der letzten Phase des Brückenbaus. Sie können sich um Stellen bewerben, die Sie wirklich interessieren. Sie werden sich wohler und sicherer fühlen, wenn Sie so verhandeln, als hätten Sie ein Recht auf diesen Job. (Ob Ihnen das klar ist oder nicht: „Verhandeln" ist genau das, was Sie in einem Bewerbungsgespräch tun.)

Wenn Sie Ihre Jobsuche- und Bewerbungslektion gut gelernt haben, haben Sie das nötige Rüstzeug. Sie haben einen großen Vorteil, egal wie der Arbeitsmarkt aussehen mag.

Apropos Arbeitsmarkt: Sie sollten ganz genau den Arbeitsmarkt für Ihren Beruf in Ihrer Region kennen (und in den Regionen, in denen Sie leben wollen), *bevor* Sie kündigen. So sehr ich auch dafür plädiere, daß Sie einen Job aufgeben, der Ihnen nicht guttut, so weiß ich doch, welche Probleme es verursacht, einen Job aufzugeben, bevor ein anderer in Sicht ist!

Kündigen Sie sich selbst!

Ob Ihr Entschluß bereits feststeht oder ob Sie noch die Alternativen abwägen – ich empfehle Ihnen folgende Übung:

Schreiben Sie eine Kündigung, aber SCHICKEN SIE SIE NICHT AB! Es wird Ihnen helfen, Ihre Gefühle herauszukristallisieren, wenn Sie jetzt diesen Brief schreiben. Selbst wenn Sie sich entschlossen haben, *nicht* zu kündigen, sollten Sie trotzdem Ihre Kündigung schriftlich dokumentieren. Die Gefühle, die dabei in Ihnen hochsteigen, werden Ihnen die Entscheidung erleichtern.

Wenn Sie planen, eine Partnerschaft oder Ehe zu beenden, fragen Sie sich vielleicht, ob das Wort „Kündigung" angemessen ist. Denken Sie daran, daß Sie im Moment nur versuchen, Ihre Gefühle herauszukristallisieren. Schon der bloße Akt des Schreibens (mit dem Wissen, daß Sie ihn nicht abschicken) hilft Ihnen, sich Ihrer Gefühle klarzuwerden. Das erreichen Sie nicht durch das direkte Gespräch mit Ihrem Partner.

Achten Sie nicht auf Grammatik, Rechtschreibung oder Syntax. Sie sollen sich nur hinsetzen und schreiben. Dieser Brief ist für Sie ganz allein bestimmt.

Hier ein paar Beispiele:

Lieber Henry,

als ich Dich zum ersten Mal sah, warst Du mein Ritter in der glänzenden Rüstung. Ich glaube, ich habe Dir keinen guten Dienst erwiesen, weil ich soviel von Dir erwartete. Jetzt erkenne ich, daß Du einer der größten Dummköpfe bist, die mir je begegnet sind. Meine Hoffnung, daß Du erwachsen und reifer werden würdest, erwies sich als falsch. Du hast diese Reife einfach nicht, und ich habe die Nase voll davon, jeden Abend ein Baby nach Hause kommen zu sehen, das mir die Ohren vollheult, wie schlecht die Welt zu ihm ist …

Sehr geehrter Mr. Scrooge,

einer der wichtigsten Punkte in der Mitarbeiterführung für einen guten Vorgesetzten ist es, gute Leu-

te zu erkennen und sie an Wachstum und Erfolg teilhaben zu lassen. Selbst mittelmäßige Manager haben diese Fähigkeit. Doch auf diesem Gebiet scheinen Sie keine Ahnung zu haben. Ihre Unsicherheit und Ihre Unfähigkeit, Menschen zu führen, haben dafür gesorgt, daß ich weder Freude noch Zufriedenheit an meiner Arbeit finde. Es ist daher meine Absicht, diese Firma zu verlassen und einem anderen Masochisten die Stellung zu überlassen ...

Denken Sie daran, daß dieser Brief dazu dienen soll, Ihre Gefühle zu analysieren. Sie können sämtliche Hemmungen fallen lassen, da sie ihn wahrscheinlich sowieso verbrennen.

Seien Sie auf Diskussionen gefaßt

Wenn Sie Ihre Brücke bauen, dann sollten Sie darauf vorbereitet sein, daß man versuchen wird, Sie davon abzuhalten, das zu tun, was für Sie am besten ist. Eine derartige Vorbereitung verleiht Ihnen mehr Selbstvertrauen und erleichtert Ihnen den Übergang.

Wenn Sie zu dem Schluß gekommen sind, daß es in Ihrer Situation sinnvoll ist zu kündigen, sollten Sie Ihre besten Gründe dafür sammeln und üben, diese so darzulegen, daß andere sie verstehen können. Sie sind immer dann am überzeugendsten, wenn Sie Ihre Ideen schon vorher in Worte fassen. Wenn Sie sich für Ihre Entscheidung solide, konkrete Gründe zurechtlegen, gibt Ihnen das ein Gefühl der Sicherheit. Darüber hinaus finden Sie, je besser Sie sich vorbereiten, um so mehr Gründe dafür, warum Sie kündigen. Schon Ihre Vorbereitung enthüllt möglicherweise weitere gute Gründe für Ihre Entscheidung.

Wie Sie in Partnerschaft und Ehe die Brücke bauen

Ich bin immer wieder darüber erstaunt, wie viele Partnerschaften unnötigerweise in einer völligen Pleite enden. Ein heftiger Streit oder die Offenbarung eines Seitensprungs führen in diesen Fällen zu einem schnellen Ende. Partnerschaften, die in der Hitze des Gefechts beendet werden, schließen das wichtigste Heilmittel von vornherein aus – Vergebung. Das Fernsehen hat uns hervorragend auf solche dramatischen Auftritte konditioniert. Manchmal entsprechen die Dialoge in einer solchen Situation im richtigen Leben exakt denen einer Seifenoper.

Wenn ein solch abruptes Ende schon für kurze Beziehungen katastrophale Auswirkungen hat, so sind die Auswirkungen noch schlimmer bei langjährigen Beziehungen und Ehen. Ein Freund von mir beendete seine Ehe nach sechs Jahren aufgrund einer einzigen, sehr heftigen Auseinandersetzung. Er hatte sich in den Kopf gesetzt, daß es kein Einlenken geben konnte. Er packte einfach seine Sachen und ging.

Für den Augenblick mag er sich mit solch einem dramatischen Abgang gut fühlen, doch er wird sich mit seiner Frau und zwei teuren Anwälten auseinandersetzen müssen. Hätte er eine Brücke gebaut, wäre dieser Prozeß sanfter vollzogen worden und vielleicht sogar unnötig gewesen.

Ob Sie eine Partnerschaft oder eine Ehe beenden: Es gibt einige Dinge, die Sie tun können, um eine Brücke zu bauen. Viele dieser Elemente erfordern einigen geistigen Aufwand. Doch sie vereinfachen den Übergang und mindern die Angst. Eine Brücke stillt den Schmerz nicht völlig, macht ihn aber erträglicher.

- Ich empfehle denjenigen, die sich scheiden lassen möchten, dringend, *Bücher über die Scheidung zu le-*

sen. Während die Ansätze in diesen Büchern völlig unterschiedlich sind und viele in Ihrem Fall möglicherweise nicht zutreffen, beschreiben sie doch Situationen, in denen Sie sich bald befinden werden. Sie ermöglichen Ihnen außerdem die mentale Vorbereitung auf Umstände, die Sie möglicherweise nicht bedacht haben. Diese Bücher können Sie vor Überraschungen schützen. Wenn Sie Fallbeispiele lesen, gewinnen Sie die Zuversicht, daß Sie sich am Ende besser fühlen werden. Da eine Scheidung sich in einzelne Abschnitte unterteilen läßt, ist es hilfreich, diese Phasen vorher zu kennen.

- Wenn Sie eine Beziehung beenden, dann sollten Sie Bücher über *Das Leben als Single* lesen. Die meisten Bücher über dieses Thema sind sehr idealistisch geschrieben, und es fehlt ihnen meistens die fachliche Grundlage, die den Büchern über Scheidung überwiegend zugrunde liegt. Die Mehrzahl der Bücher über Scheidung sind von Psychologen und Sozialarbeitern verfaßt; Bücher über das Leben als Alleinstehender werden meistens von Nicht-Profis geschrieben, die selbst Single sind. Trotzdem können sie – wenn Sie selektiv lesen – Ihnen eine Vorstellung davon vermitteln, was Sie erwartet.
- Je älter Sie sind, desto mehr möchten Sie wahrscheinlich über Gruppen von Alleinstehenden herausfinden. Einige sind wirklich gut und bieten eine gute Hilfestellung für frisch Geschiedene. Jede dieser Gruppen hat einen ganz individuellen Ansatz. Einige sind richtige „Klubs der einsamen Herzen“. Andere einfach nur „Fleischmärkte“. Wieder andere konzentrieren sich auf Diskussionsveranstaltungen und helfen den Mitgliedern, sich kennenzulernen, indem man über verschiedene Themen diskutiert. In dieser Phase des Brückenbaus nutzen die meisten solche Klubs als Informationsbörse. Man tauscht dort Informationen

darüber aus, wo man am besten Menschen kennenlernen kann. Jene, die sich dafür interessieren, wo es die beste Kneipe für Alleinstehende gibt, werden sie hier herausfinden. Außerdem bekommt man Informationen über die besten Buchgeschäfte, Kirchen, Gesundheitsklubs, Selbsthilfegruppen und andere Möglichkeiten, Menschen kennenzulernen.

- Für all diejenigen, die sich nun wieder auf dem Single-Markt einfinden und kein Single bleiben möchten, empfehle ich den Dienst einer Video-Partnervermittlung. Im Gegensatz zu ihrem Image sind es keine Dienstleister für Mauerblümchen, sie ziehen auch nicht mehr unseriöse Kunden an als Single-Klubs. Man muß schon ein relativ großes Selbstbewußtsein haben, um sich vor laufender Kamera befragen zu lassen und zu wissen, daß dieses Video vielen anderen gezeigt wird. Ich habe eine ganze Reihe von Menschen getroffen, die von dieser Art der Vermittlung aus mehreren Gründen begeistert sind: Man ist sicher, daß die Person, deren Video man sich anschaut, auch wirklich jemanden kennenlernen möchte; man wird vor Menschen geschützt, die man nicht kennenlernen möchte (Name und Nummer werden nur weitergegeben, wenn beide sich einig sind, daß sie sich treffen wollen); man kann in kurzer Zeit viele Menschen kennenlernen; die Erniedrigung von Single-Kneipen bleibt einem erspart.

  Für Alleinstehende, die sehr lange verheiratet waren, kann der Eintritt in die Welt der Verabredungen geradezu traumatisch sein. Eine Video-Partnervermittlung kann diesen Übergang erleichtern. Wenn Sie das Gefühl haben, daß Sie schnell überfordert sind (das ist bei vielen so), können Sie sich eine Weile zurückziehen und sich mehr Zeit lassen, indem Sie Ihre Datei bei der Partnervermittlung eine Weile ruhen lassen.

- *Lassen Sie sich Zeit.* Es kann sehr hilfreich sein, sich eine Atempause zu gönnen. Es erfordert eine ziemliche Anpassungsleistung, mit vielen verschiedenen Menschen auszugehen, nachdem man so lange ausschließlich mit einem Menschen zusammen war. Die Unsicherheit, wie man sich sexuell verhalten soll, und andere „Forderungen" im Zusammenhang mit Verabredungen können ganz schön kräftezehrend sein. Wenn Sie auch dieses Gefühl haben, dann empfehle ich Ihnen, etwas sanfter mit sich umzugehen und sich die Übergangsphase zu erleichtern, indem Sie ganz langsam Ihre eigene Brücke aufbauen. Keiner sagt, daß Sie sofort damit beginnen müssen, sich mit jemandem zu verabreden.
  Sollten Sie sich wieder der Single-Szene zuwenden, werden Sie merken, daß es zwei Arten von Einsamkeit gibt: eine, bei der Sie alleine sind und eine, wo Sie sich unter vielen anderen Menschen befinden. Viele sagen, daß die letztere die schmerzhaftere ist.
  Ich habe eine ganz feste Regel, was das frühe Eingehen einer neuen Beziehung angeht: TUN SIE ES NICHT! (Es sei denn, Ihre neue Beziehung war der Grund dafür, daß die alte in die Brüche ging.)
- Noch eine Empfehlung für diejenigen, die aus langjährigen Beziehungen und Ehen kommen: *Die größte Fähigkeit, die Sie als Single lernen können, ist, sich mit sich selbst wohlzufühlen.* Je mehr Spaß Sie daran haben, mit sich alleine zu sein, desto schneller werden Sie den für Sie passenden Menschen anziehen.

Sind Sie auf der Brücke stehengeblieben?

Einige Menschen führen die Selbstanalyse, die Analyse ihres Umfelds und sogar die einzelnen Schritte des Maßnahmenkatalogs durch, die ich in diesem Buch beschrieben habe, und haben doch Schwierigkeiten, vorwärtszukommen. Das ist menschlich. Es ist gleichzeitig kontraproduktiv. Sie haben Ihre Brücke mit Wissen, Sorgfalt und Effektivität gebaut. Doch wenn es Zeit ist, darüberzugehen, bleibt der Betroffene auf der so sorgfältig gebauten Brücke stehen.

Manche haben das Gefühl, daß sie diesen endgültigen Schritt einfach nicht vollziehen können. Das Schlüsselwort ist „endgültig". Die Tatsache, daß es sich um einen endgültigen Schritt handelt, beängstigt die Betroffenen und führt dazu, daß sie sich wieder Rat bei jemandem holen. Zu diesem Zeitpunkt ist es keine gute Idee, sich bei jemand anderem Hilfe zu holen. Am besten ist es, sich ganz ruhig hinzusetzen und sich zu fragen, ob es tatsächlich irgendwelche wichtigen neuen Informationen gibt.

Wenn Sie an diesem Punkt angelangt sind, sollten Sie die Fragen zur Selbstanalyse noch einmal durcharbeiten und Ihren „Zu-wissen-wann-Schluß-ist"-Index noch einmal ermitteln.

Wenn Sie immer noch Angst haben, könnten Sie ein oder zweimal zu einem Therapeuten gehen und sich fachlichen Rat holen. Nicht, weil Sie unausgeglichen sind, sondern um Ihre Objektivität wiederzufinden. Die objektive Sichtweise des Beraters mag genau das sein, was Sie jetzt brauchen, um herauszufinden, warum Sie ins Stocken geraten sind. Ein Therapeut kann Ihnen helfen, Ihre Gefühle so zu sehen, wie sie sind. An diesem kritischen Punkt in Ihrem Leben empfehle ich Ihnen, sich den fähigsten Berater zu suchen, den Sie bekommen können. Wenn Sie „auf der Brücke festsitzen", ist das vielleicht die beste Geldanlage seit Jahren. Achten Sie darauf, daß Sie mit jemandem sprechen, der auf dem Gebiet der beruflichen Neuorientierung bzw. Partnerschaft (je nachdem, wie Ihr Problem gelagert ist) ein echter Fachmann ist. Fragen Sie vorher nach dem Ablauf einer solchen Beratung, nach der Ausbildung, der Erfahrung, den Kosten und Empfehlungen.

Noch zwei Kleinigkeiten zum Thema Brückenbau:

1. *Je wohler Sie sich in Ihrem alten Job fühlen, desto eher wird Ihnen wahrscheinlich ein neuer angeboten.*

Ich kann das nicht erklären. Es scheint sich um ein Paradoxon zu handeln. Aber die Erfahrungen meiner Klienten stützen diese Aussage.

Es könnte ein Bestandteil Ihres Brückenbaus sein, bewußt diese Art der Unabhängigkeit zu entwickeln. Seien Sie sich der Tatsache bewußt, daß dies nicht bei Menschen funktioniert, die Bequemlichkeit und einen Ausweg aus ihren Ängsten suchen. Es funktioniert jedoch hervorragend bei denjenigen, deren Gelassenheit aus der inneren Stärke resultiert, ihre Situation zu akzeptieren, bis sie sie ändern können.

2. *Je eifriger Sie Ihre Situation ändern wollen, desto geringer ist Ihre Chance, sie wirklich zu ändern.*

Wenn Sie nicht fragen, vermeiden Sie eine Absage. Das ist die gute Nachricht.

Die schlechte ist, daß Sie auch keine Zusage bekommen.

Kapitel 15: Das tröstende Feuer verlassen

Zur Zeit unserer primitiven Vorfahren löste die Entdeckung des Feuers große Freude aus. Schon bald wurde es zum Ritual, um diese neu entdeckte Quelle der Wärme und Sicherheit herumzusitzen. Vor der Entdeckung des Feuers erkundeten die Menschen alles mit großem Eifer. Sie krochen tief in die Höhlen, kletterten auf die Berge und machten sich auf die Suche nach der Quelle der Flüsse. Bei ihrer Suche erschlossen sie sich neue Horizonte, Nahrung im Überfluß und die Wunder der Natur. Gemeinsam feierten sie dann ihre Entdeckungen.

Doch jetzt hatten sie das Feuer.

Die Wärme und Bequemlichkeit des Feuers raubte ihnen die Kraft. Ohne das Feuer fühlten sie die Kälte. Das Feuer schreckte die wilden Tiere ab und ließ gleichzeitig die Dunkelheit noch dunkler erscheinen. Männer und Frauen vergaßen schnell, wie gut sie die wilden Tiere beherrscht hatten. Als ihre Angst vor den Tieren zunahm, rückten sie noch enger an das Feuer, um noch besser geschützt zu sein.

Wo man sich früher Geschichten über die großen Entdecker erzählte, beschrieb man jetzt die Schrecken außerhalb des Feuerscheins. Mit diesen Geschichten wurde es noch gemütlicher am Feuer. Vielleicht enthielten diese Geschichten einen Funken Wahrheit; doch es dauerte nicht lange, bis man sich das Entfernen vom Feuer als etwas Schreckliches und Beängstigendes vorstellte. Die Tatsache, daß nur selten etwas wirklich Schreckliches passierte, spielte dabei keine Rolle.

Jene, die es wagten, sich vom sicheren Feuer zu entfernen, mußten feststellen, daß man sich immer häufiger über sie lustig machte. Also sorgten Spott, Gruselgeschichten, Bequemlichkeit und Angst dafür, daß der Großteil um das Feuer herumsaß, obwohl sich dort bereits die große Langeweile breitmachte. Manch einer fand es vielleicht verabscheuungswürdig, an einem Ort zu bleiben, doch zumindest mußte er feststellen, daß ihm nicht mehr kalt war.

Es gab jedoch auch den einen oder anderen, der einen inneren Drang verspürte, weiterzuziehen. Sie wußten, daß sie niemals mehr Neues entdecken würden, wenn sie es sich zu bequem machten. Gestärkt durch die Wärme des Tages, entfernten sie sich von der Wärme des Feuers. Sie kletterten auf die Berge und schauten auf die unerforschten Täler unter ihnen. Wenn die Nacht mit ihrer Kälte hereinbrach, liefen sie zurück zu der Wärme des Feuers. Wenn sie schnell genug waren, konnten sie sogar dem Spott entgehen.

Einige waren durch ihre Entdeckungen so fasziniert, daß sie immer später zum Feuer zurückkehrten. Die Verantwortlichen dachten sich Strafen für diejenigen aus, die zu spät zum Feuer zurückkamen. Den meisten wurde dadurch der Spaß an den Entdeckungen verdorben. Aber diejenigen, die weiter auf Entdeckungsreisen gehen wollten, nahmen dies als ein Zeichen. Sie erkannten diesen Punkt ohne Wiederkehr. Zu erkunden, was sie vom Gipfel der Berge aus gesehen hatten, würde sie von dem Rest der Gemeinschaft ausschließen – das wußten sie. Die Wärme des Feuers hatte einen zu hohen Preis.

Im hellen Schein der Sonne kletterten diese „Außenseiter" auf die Gipfel der Berge, um sich zu orientieren. Dann stiegen sie wieder hinab – auf die andere Seite. Als sie von ihrem Aussichtsplatz herunterkamen und die Baumkronen hoch über ihnen schwebten, fiel die Dämmerung ein. Fast im selben Moment fühlten sie die Kälte. Um in der Dunkelheit auf dem richtigen Weg zu bleiben, stellten sie sich die Landschaft vor, die sie von ihrem Aussichtspunkt aus gesehen hatten. Glänzende silberne Flüsse durchquerten grüne Täler. Konnten sie hier überleben – weit weg von der Wärme des Feuers, dem Spott, der Gemeinschaft – und der Strafe, die hinter ihnen lag?

Die primitiven Entdecker haben dies vielleicht niemals in Worte gefaßt, doch die Wärme und Geborgenheit des Feuers hielt sie fast davon ab, durch die Nacht zu den glänzenden, silbernen Flüssen zu wandern.

Als die Dunkelheit hereinbrach, spürten die mutigen Entdecker zunehmende Kälte und befürchteten zu erfrieren, bevor sie den Fluß fanden. Doch sie eilten weiter. In der Nacht kam zu der Angst noch das Gefühl der Dummheit, daß sie das Feuer verlassen hatten. Doch irgend etwas in ihnen trieb sie voran. Diese frierenden und verängstigten Entdecker *mußten* den glänzenden, silbernen Fluß finden. Ihre frierenden, verängstigten Körper wurden durch das Feuer, das tief in ihnen brannte, gewärmt.

Und dieses Feuer durfte nicht ausgehen.

Anhang

Fragen zum Arbeitsplatz

Können Sie in Ihrem Job bleiben und trotzdem glücklich sein? (Kapitel 4)

Machen Sie ein Kreuz neben jede der Fragen, die Sie mit „ja" beantworten würden. Benutzen Sie Ihr Tagebuch, um die Antworten festzuhalten – denken Sie daran, Ihre Eintragungen mit einem Datum zu versehen.

1. Ist meine körperliche Gesundheit in Gefahr, wenn ich bleibe?
2. Ist meine geistige Gesundheit in Gefahr, wenn ich bleibe?
3. Halte ich *in erster Linie* deshalb durch, weil ich bereits viel Zeit in diese Situation investiert habe?
4. Beeinflußt die Angst vor dem, was kommen wird, meine Entscheidung negativ?
5. Habe ich das Gefühl, ein besonders unerfülltes Leben zu führen?
6. Ist es möglich, daß meine Situation völlig festgefahren ist (und ich mich nicht alleine befreien kann)?
7. Wäre ich erleichtert, wenn ich aus dieser Situation ausbrechen könnte?
8. Läßt mein Bleiben sehr stark darauf schließen, daß ich träge bin und/oder Angst habe, etwas zu verändern?
9. Bleibe ich, weil ich glaube, „zu beschäftigt" zu sein, um nach etwas anderem zu suchen?
10. Bin ich in dieser Situation so unglücklich, daß ich psychischen Schaden nehmen könnte?

11. Bin ich an dem Punkt angelangt, wo kein Licht am Ende des Tunnels mehr zu erkennen ist?
12. Hat sich meine Situation so allmählich verschlechtert, daß mir gar nicht bewußt ist, wie schlimm die Dinge wirklich stehen?

Gesamtpunktzahl _________

Schaden Sie sich selbst, wenn Sie an Ihrem Arbeitsplatz bleiben? (Kapitel 5)

Machen Sie ein Kreuz neben den Fragen, die Sie mit „ja" beantworten würden. Vermerken Sie die Antworten in Ihrem Tagebuch.

1. Schadet dieser Arbeitsplatz meiner mentalen oder körperlichen Gesundheit?
2. Gewinne ich mehr, wenn ich kündige, als wenn ich bleibe?
3. Bleibe ich vor allem, weil ich die wirtschaftliche Sicherheit schätze?
4. Bin ich an einem Arbeitsplatz gefangen, der mir mehr schadet als nützt?
5. Könnte es sein, daß ich an diesem Arbeitsplatz bleibe, weil er berechenbar ist und ich keine Veränderung möchte?
6. Könnte ich meine Talente an einem anderen Arbeitsplatz oder in einer anderen Firma besser nutzen?
7. Bleibe ich, weil ich nicht möchte, daß andere denken, ich sei egoistisch?
8. Mache ich meine Vorgesetzten zu Gewinnern, während ich zum Verlierer werde?
9. Fürchte ich mich davor, mir einzugestehen, daß mein Job meinen Erwartungen nicht gerecht wird?
10. Bin ich am Ende jedes Arbeitstages total erschöpft?

11. Kann ich von mir sagen, daß, beruflich gesehen, die besten Zeiten hinter mir liegen?
12. Wäre ich insgeheim erleichtert, wenn man mir kündigen würde?

Gesamt ________

Werden Sie anderen schaden, wenn Sie Ihren Arbeitsplatz aufgeben? (Kapitel 6)

Machen Sie ein Kreuz neben die Fragen, die Sie mit „nein" beantworten würden. (Beachten Sic, daß Sie diesmal die „NEIN's" anstreichen sollen!) Vermerken Sie die Antworten in Ihrem Tagebuch.

1. Richtet meine Kündigung großen Schaden an?
2. Ist es möglich, daß ich den Schaden, den ich anrichte, unterbewerte?
3. Wird es meiner Firma oder meinem Arbeitgeber sehr schaden, wenn ich kündige?
4. Ist es möglich, daß ich bleibe, weil ich anderen keine Unannehmlichkeiten und zusätzliche Belastung zumuten möchte?
5. Wären mit einem Arbeitsplatzwechsel erhebliche physische Veränderungen (z.B. ein Umzug etc.) für meine Familie oder Freunde verbunden?
6. Wären mit meiner Kündigung zu viele finanzielle Einbußen für meine Familie oder meinen Partner verbunden?
7. Würde meine Kündigung einen Umzug in eine andere Stadt erforderlich machen?
8. Wenn ich einige Zeit ohne Einkommen wäre, würde meine Familie sehr darunter leiden?
9. Wäre eine Kündigung für meine Familie peinlich oder erniedrigend?

Gesamt ________

Fördert Ihr Arbeitsplatz Ihr Wohlbefinden? (Kapitel 7)

Die folgenden Aussagen beschreiben einige Faktoren eines positiv wirkenden Arbeitsplatzes. Denken Sie daran, in Ihrem Tagebuch die Gefühle festzuhalten, die beim Durcharbeiten der Liste in Ihnen aufsteigen. Machen Sie ein Kreuz neben die Aussagen, die zutreffen.

1. Sie genießen das Zusammensein mit den meisten Ihrer Kollegen.
2. Sie haben die Möglichkeit, einen Großteil Ihrer Ausbildung und Ihrer Fähigkeiten einzubringen.
3. Sie haben die Freiheit, über Ihre Gefühle zu sprechen.
4. Sie bekommen Lob und Unterstützung durch Ihre Vorgesetzten.
5. Sie haben das Gefühle, wertvolle Arbeit zu leisten.
6. Die Menschen in Ihrer Umgebung geben Ihnen das Gefühl, daß Ihre Arbeit wirklich wichtig ist.

Gesamtzahl Kreuze ____ Gesamtzahl Leerräume ____

Wie „vergiftet“ ist Ihr Arbeitsplatz?

Die folgenden Beschreibungen sollen Ihnen helfen, festzustellen, ob Sie in einer mental vergifteten Atmosphäre arbeiten. Achten Sie darauf, welche Gefühle die Einschätzung der Aussagen bei Ihnen weckt, und machen Sie ein Kreuz neben die Aussagen, die auf Ihren Arbeitsplatz zutreffen:

1. Man kritisiert Sie öfter, als daß man Sie lobt.
2. Wenn Gruppen von Kollegen miteinander sprechen, hört man meistens Beschwerden.
3. Man sagt Ihnen ständig, daß Sie nicht genug arbeiten.

4. Zu vielen Ihrer Kollegen haben Sie ein schlechtes Verhältnis.
5. Man ermahnt Sie häufig, bessere Arbeit abzuliefern.
6. Sie mögen Ihre Arbeit nicht.

Jetzt zählen Sie alle Aussagen, die Sie mit „ja“ beantwortet haben, zusammen.

Gesamt ________

Fragen zur Partnerschaft

Können Sie glücklich sein, wenn Sie in dieser Beziehung bleiben? (Kapitel 4)

Machen Sie in der untenstehenden Liste ein Kreuz neben jede Frage, die Sie mit „ja“ beantworten. Achten Sie auf die Gefühle, die beim Durchlesen der Fragen in Ihnen aufsteigen. Vertrauen Sie diesen Gefühlen, und überlegen Sie, ob Sie sie in Ihrem Tagebuch festhalten sollten.

1. Ist meine körperliche Gesundheit in Gefahr, wenn ich bleibe?
2. Ist meine geistige Gesundheit in Gefahr, wenn ich bleibe?
3. Halte ich *in erster Linie* deshalb durch, weil ich bereits viel Zeit in diese Situation investiert habe?
4. Werde ich so sehr eingeschränkt, daß ich nicht mehr ich selbst sein kann?
5. Nimmt die Freude, mit meinem Partner zusammenzusein, immer weiter ab?
6. Beeinflußt das, was ich über Beziehungen und Ehen gelernt habe, meine Entscheidung zu bleiben oder zu gehen?
7. Habe ich starke Gefühle ignoriert, die ich bezüglich meiner Partnerschaft möglicherweise hatte?
8. Gibt es eine kleine Chance, daß wir die Situation zum Besseren verändern können?
9. Bin ich an einem Punkt angelangt, wo es kein Licht am Ende des Tunnels mehr gibt?
10. Hat sich meine Situation so allmählich verschlechtert, daß mir gar nicht bewußt ist, wie schlimm die Dinge wirklich stehen?

11. Behindere ich mich selbst, weil ich daran glaube, daß es nur einen einzigen Menschen auf der Welt gibt, der für mich bestimmt ist?

Gesamtpunktzahl ____________

Ist es möglich, daß Sie sich selbst schaden, wenn Sie in dieser Beziehung bleiben? (Kapitel 5)

Die folgenden Fragen sollen Ihr Denken schärfen. Setzen Sie ein Kreuz neben die Fragen, die Sie mit „ja" beantworten würden. Schreiben Sie Ihre Antworten und Gefühle auch in Ihr Tagebuch.

1. Bin ich glücklicher, wenn ich alleine bin?
2. Ist der Preis, den diese Beziehung verlangt, möglicherweise zu hoch?
3. Habe ich meine wahren Gefühle abgeblockt?
4. Habe ich Angst davor, mich meinen Gefühlen zu stellen?
5. Fällt es mir schwer, ich selbst zu sein, wenn ich mit meinem Partner zusammen bin?
6. Mag ich mich selbst weniger gern, wenn ich mit meinem Partner zusammen bin?
7. Bleibe ich nur deshalb in dieser Beziehung, um meinen Partner zu schützen?
8. Ist es möglich, daß es für diese Beziehung keine Hoffnung gibt?
9. Erwartet mein Partner zuviel von mir?
10. Bleibe ich vor allem deshalb in dieser Beziehung, weil ich zuviel von mir und meiner Zeit in sie investiert habe?
11. Bin ich vor allem deshalb in dieser Beziehung geblieben, weil ich Angst davor hatte, was andere von

mir denken würden, wenn ich meinen Partner verlasse?

Gesamt ___________

Werden Sie anderen wehtun, wenn Sie Ihre Ehe oder Beziehung beenden? (Kapitel 6)

Machen Sie ein Kreuz neben jede Frage, die Sie mit „nein" beantworten würden. (Beachten Sie, daß Sie diesmal die „NEIN's" anstreichen sollen!) Schreiben Sie die Gefühle, die Sie bei der Beantwortung dieser Fragen haben, in Ihr Tagebuch.

1. Wird es erhebliche Unannehmlichkeiten mit sich bringen, wenn ich diese Beziehung oder Ehe beende?
2. Ist es möglich, daß mein Partner großen seelischen Schaden erleidet, wenn ich ihn verlasse?
3. Bewerte ich die Fähigkeit meines Partners, es auch alleine zu schaffen, über?
4. Wird ein Ende der Beziehung *meiner* Familie erheblichen Schaden zufügen?
5. Wird ein Ende der Beziehung *seiner* Familie erheblichen Schaden zufügen?
6. Ist es möglich, daß ich die Beziehung beenden möchte, *weil* ich meinem Partner wehtun möchte? X
7. Wird meine Entscheidung, ihn zu verlassen, gravierende finanzielle Einbußen für meinen Partner bedeuten?
8. Bedeutet meine Entscheidung große physische Belastungen (Packen, Umzug etc.) für meinen Partner?
9. Wird meine Entscheidung, zu gehen, mögliche Zukunftspläne meines Partners sehr durcheinanderbringen?

Gesamt _______

In welchem Ausmaß ist Ihre Partnerschaft oder Ehe für Ihr Wohlbefinden förderlich? (Kapitel 7)

Wenn Sie sich die folgenden Fragen nur schwer nachvollziehen können, überlegen Sie, ob Sie beide in der Lage sind, so zu empfinden. Erforschen Sie ganz genau die Gefühle, die sich einstellen, wenn Sie über diese Fragen nachdenken. Machen Sie ein Kreuz neben jede Frage, die Sie aufrichtig mit „ja" beantworten können.

1. Erhalten Sie von Ihrem Partner Anerkennung für das, was Sie zu der Beziehung beitragen?
2. Sagt er Ihnen ausdrücklich, daß er Sie liebt?
3. Haben Sie das Gefühl, daß Ihr Partner gern mit Ihnen zusammen ist?
4. Fühlen Sie sich im allgemeinen wohl, wenn Sie mit Ihrem Partner zusammen sind?
5. Vermittelt Ihr Partner Ihnen das Gefühl, daß Sie einen positiven Einfluß auf sein Leben ausüben?
6. Haben Sie das Gefühl, daß eine Ausgewogenheit herrscht, zwischen dem, was Sie in die Beziehung investieren, und dem, was Sie dafür bekommen?

Gesamtzahl Kreuze _____ Gesamtzahl Leerräume _____

Wie ungesund ist Ihre Beziehung?

„Hören" Sie bei der Beantwortung der folgenden Fragen auf die Gefühle, die danach schreien, gehört zu werden. Machen Sie ein Kreuz neben jede Frage, die Sie mit „ja" beantworten würden. Benutzen Sie Ihr Tagebuch!

1. Kritisiert Ihr Partner Sie häufig?
2. Haben Sie das Gefühl, daß er mehr auf Ihre Fehler als auf Ihre Erfolge achtet?

3. Haben Sie das Gefühl, einen übermäßigen Aufwand betreiben zu müssen, um einmal gelobt zu werden?
4. Schreit Ihr Partner Sie häufig an?
5. Kritisiert Ihr Partner Sie in Gegenwart anderer?
6. Bekommt Ihr Partner häufig Wutanfälle?

Gesamt _________

Verwendete Literatur

Bolles, Richard Nelson, *What Color Is Your Parachute?* Berkeley, CA: Ten Speed Press, 1988 (jährliche Aktualisierung)

Maltz, Maxwell, *Psycho-Cybernetiks*. New York: Pocket Books (Weitere Ausgaben in Wilshire Book Company, Los Angeles und Hazelden, Center City, Minnesota)